COLLE
FOLIO/

André Malraux

Le Musée Imaginaire

Gallimard

La première édition du *Musée Imaginaire* a été achevée d'imprimer le 31 octobre 1947. La seconde, qui forme la première partie des *Voix du Silence*, le 20 novembre 1951. Cette édition a été remaniée et complétée en 1963, et a paru en 1965.

© 1965, André Malraux.

Malraux (1901-1976) est d'abord le romancier des grandes crises du XXe siècle. Il a mis la technique du roman d'aventures, celle du reportage, celle du cinéma, au service des guerres et des révolutions : Asie, Espagne, Europe. Parce qu'il a toujours fait « dialoguer les lobes de son cerveau », *Le Miroir des limbes* est le roman de sa vie, comme *Les Voix du silence* celui de l'art. Dans un style tendu, violent, imagé, c'est un poète qui dialogue avec les interlocuteurs que lui fournit l'Histoire. Il fut ministre des Affaires culturelles de 1958 à 1969.

Pour Madeleine

1. Venise, salle du musée Correr.

INTRODUCTION

Un crucifix roman n'était pas d'abord une sculpture, la *Madone* de Cimabué n'était pas d'abord un tableau, même l'*Athéna* de Phidias n'était pas d'abord une statue.

Le rôle des musées dans notre relation avec les œuvres d'art est si grand, que nous avons peine à penser qu'il n'en existe pas, qu'il n'en exista jamais, là où la civilisation de l'Europe moderne est ou fut inconnue ; et qu'il en existe chez nous depuis moins de deux siècles. Le XIXe siècle a vécu d'eux ; nous en vivons encore, et oublions qu'ils ont imposé au

2. Téniers, *L'Archiduc Léopold-Guillaume dans sa galerie de peintures*, env. 1647. Madrid, musée du Prado.

spectateur une relation toute nouvelle avec l'œuvre d'art. Ils ont contribué à délivrer de leur fonction les œuvres d'art qu'ils réunissaient ; à métamorphoser en tableaux, jusqu'aux portraits. Si le buste de César, le Charles Quint équestre, sont encore César et Charles Quint, le duc d'Olivarès n'est plus que Velazquez. Que nous importe l'identité de *l'Homme au Casque*, de *l'Homme au Gant* ? Ils s'appellent Rembrandt et Titien. Le portrait cesse d'être d'abord le portrait de quelqu'un. Jusqu'au XIXe siècle, toutes les œuvres d'art ont été l'image de quelque chose qui existait ou qui n'existait pas, avant d'être des œuvres d'art. Aux yeux du peintre seul, la peinture était peinture ; encore était-elle souvent aussi poésie. Et le musée supprime de presque tous les portraits (le fussent-ils d'un rêve), presque tous leurs modèles, en même temps qu'il arrache leur fonction aux œuvres d'art : il ne connaît plus ni palladium, ni saint, ni Christ, ni objet de vénération, de ressemblance, d'imagination, de décor, de possession ; mais des images des choses, différentes des choses mêmes, et tirant de cette différence spécifique leur raison d'être. Il est une confrontation de métamorphoses.

Si l'Asie ne l'a connu que récemment, sous l'influence et la direction des Européens, c'est que pour l'Asiatique, pour l'Extrême-Oriental surtout, contemplation artistique et musée étaient inconciliables. La jouissance des œuvres d'art était d'abord liée en Chine à leur possession, sauf lorsqu'il s'agissait d'art religieux ; elle l'était surtout à leur isolement. Les peintures n'étaient pas exposées, mais déroulées tour à tour devant un amateur en état de grâce, dont chacune contribuait à parer ou approfondir la communion avec le monde. Confronter des peintures, opération intellectuelle, s'oppose foncièrement à l'abandon qui permet seul la contemplation asiatique ; aux yeux de l'Asie, le musée, s'il n'est un lieu d'enseignement, ne peut être qu'un concert absurde où se succèdent et se mêlent, sans entracte et sans fin, des mélodies contradictoires.

Notre relation avec l'art, depuis plus d'un siècle, n'a cessé de s'intellectualiser. Le musée impose une mise en question de chacune des expressions du monde qu'il rassemble, une interrogation sur ce qui les rassemble. Au « plaisir de l'œil » la succession, l'apparente contradiction des écoles ont ajouté la conscience d'une queste passionnée, d'une recréation de l'univers en face de la Création. Après tout, le musée est un des lieux qui donnent la plus haute idée de l'homme. Mais nos connaissances sont plus étendues que nos musées ; le visiteur du Louvre sait qu'il n'y trouve significativement ni Goya, ni les Grands Anglais, ni la peinture de Michel-Ange, ni Piero della Francesca, ni Grünewald ; à peine Vermeer. Là où l'œuvre d'art n'a plus d'autre fonction que d'être œuvre d'art, à une époque où l'exploration artistique du monde se poursuit, la réunion de tant de chefs-d'œuvre, d'où tant de chefs-d'œuvre sont absents, convoque dans l'esprit *tous* les chefs-d'œuvre. Comment ce possible mutilé n'appellerait-il pas tout le possible ?

De quoi est-il inévitablement privé ? Jusqu'ici, des ensembles de vitraux et de fresques ; de ce qui est intransportable ; de ce qui ne peut être aisément déployé, les ensembles de tapisseries, par exemple ; de ce qu'il ne peut acquérir. Même dû à l'emploi persévérant de moyens immenses, un musée vient d'une succession de hasards heureux. Les victoires de Napoléon ne lui permirent pas d'apporter la Sixtine au Louvre, et nul mécène n'apportera au Metropolitan Museum le *Portail Royal* de Chartres, les fresques d'Arezzo. Du XVIIIe au XXe siècle, on a transporté ce qui était transportable ; on a donc vu passer en vente plus de tableaux de Rembrandt que de fresques de Giotto. Ainsi le musée, né lorsque le tableau de chevalet représentait seul la peinture vivante, se trouve-t-il musée, non de la couleur, mais des tableaux ; non de la sculpture, mais des statues.

Le voyage d'art le complète au XIXe siècle. Mais combien d'artistes connaissent alors l'ensemble des grandes œuvres de l'Europe ? Gautier a vu l'Italie (sans voir Rome), à trente-neuf ans ; Edmond de Goncourt, à trente-trois ; Hugo, enfant ; Baudelaire, Verlaine, jamais. Encore le voyage d'Italie était-il de tradition. On avait vu des morceaux d'Espagne et d'Allemagne, la Hollande peut-être ; souvent on connaissait les Flandres. L'attentive cohue d'amateurs qui se pressait au Salon, public de la meilleure peinture de son temps, vivait du Louvre. Baudelaire ne vit les œuvres capitales ni du Greco, ni de Michel-Ange, ni de Masaccio, ni de Piero della Francesca, ni de Grünewald, ni de Titien, ni de Hals — ni de Goya, malgré la Galerie d'Orléans... Ses *Phares* commencent au XVIe siècle.

Qu'avait-il vu ? Qu'avaient vu, jusqu'en 1900, ceux dont les réflexions sur l'art demeurent pour nous révélatrices ou significatives, et dont nous supposons qu'ils parlent des *mêmes œuvres* que nous ; que leurs références sont les nôtres ? Deux ou trois grands musées, et les photos, gravures ou copies d'une faible partie des chefs-d'œuvre de l'Europe. La plupart de leurs lecteurs, moins encore. Il y avait alors, dans les connaissances artistiques, une zone floue, qui tenait à ce que la confrontation d'un tableau du Louvre et d'un tableau de Florence, de Rome, de Madrid, était celle d'un tableau et d'un souvenir. La mémoire optique n'est pas infaillible, et plusieurs semaines séparaient souvent les études successives. Du XVIIe au XIXe siècle, les tableaux, traduits par la gravure, étaient devenus gravures ; ils avaient conservé (relativement) leur dessin, perdu leur couleur à quoi s'était substituée, non par copie mais par interprétation, son expression en noir et blanc ; ils avaient perdu aussi leurs dimensions, et acquis des marges. La photo en noir, au XIXe siècle, ne fut qu'une gravure plus fidèle. L'amateur d'alors connut les toiles comme nous avons connu les mosaïques et les vitraux jusqu'à la guerre de 1940...

Aujourd'hui, un étudiant dispose de la reproduction en couleurs de la plupart des œuvres magistrales, découvre nombre de peintures secondaires, les arts archaïques, les sculptures indienne, chinoise, japonaise et précolombienne des hautes époques, une partie de l'art byzantin, les fresques romanes, les arts sauvages et populaires. Combien de statues étaient reproduites en 1850 ? Nos albums ont trouvé dans la sculpture — que la monochromie reproduit plus fidèlement qu'elle ne reproduit les tableaux — leur domaine privilégié. On connaissait le Louvre (et quelques-unes de ses dépendances), dont on se souvenait comme on pouvait ; nous disposons de plus d'œuvres significatives, pour suppléer aux défaillances de notre mémoire, que n'en pourrait contenir le plus grand musée.

Car un Musée Imaginaire s'est ouvert, qui va pousser à l'extrême l'incomplète confrontation imposée par les vrais musées : répondant à l'appel de ceux-ci, les arts plastiques ont inventé leur imprimerie.

I

Répondant à l'appel des vrais musées — qui répondait à celui des vrais créateurs... L'art qui appelle et ordonne cette vaste résurrection n'est pas celui que nous pouvons le plus aisément définir ; c'est le nôtre, et pour distinguer l'extérieur d'un aquarium, mieux vaut n'être pas poisson. Les arts qu'il a ressuscités se ressemblent, mais leur domaine est plus vaste que le sien ; les arts qu'il a tués se ressemblent, mais leur domaine est plus complexe que celui de chacun d'eux. Et la victoire de Piero della Francesca sur Van Dyck, celle du Greco sur Murillo, celle des maîtres de Chartres et de l'Acropole sur les sculpteurs alexandrins, toutes contemporaines de celle de Cézanne sur les peintres officiels, nous font découvrir que si l'art moderne et le Musée Imaginaire ont trouvé dans l'art officiel, et même dans « l'esthétique du passé », de puissants adversaires, c'est avant tout parce que cet art et cette esthétique se légitimaient par un *sentiment général* : par le désir de tous ceux qui n'attendaient, de la peinture, que des *spectacles* privilégiés.

Les artistes européens, en Italie comme en Flandres, en Allemagne comme en France, avaient cherché pendant cinq siècles — du XIe au XVIe — à se libérer toujours davantage de l'expression limitée à deux dimensions, et de ce qu'ils tenaient pour la maladresse ou l'ignorance de leurs devanciers. (L'art extrême-oriental, grâce à l'écriture idéographique exécutée au pinceau dur, avait atteint beaucoup plus vite la maîtrise de ses moyens.) Ils avaient découvert la représentation de la matière et de la profondeur, l'illusion de l'espace, au XVIe siècle.

Sans doute la découverte technique décisive appartient-elle à Léonard. Dans toutes les peintures antérieures, vases grecs ou fresques romaines, Byzance, Orient, primitifs chrétiens de toutes nations, les Flamands comme les Florentins et les Rhénans comme les Vénitiens, que l'on peignît à fresque, à la miniature ou à l'huile, les peintres avaient dessiné « par le contour ». En estompant celui-ci, puis en attirant les limites des objets vers un lointain qui n'était plus le lieu abstrait de la perspective antérieure, — celle d'Uccello, de Piero avait accentué l'indépendance des objets plutôt qu'elle ne l'avait atténuée, — vers un lointain dilué par les bleus, Léonard créa, systématisa ou imposa, quelques années avant Jérôme Bosch, un espace qu'on n'avait jamais vu en Europe, et qui n'était plus seulement le lieu des corps, mais encore attirait personnages et spectateurs à la façon du temps, coulait vers l'immensité. Cet espace n'est pourtant pas un trou, et même sa transparence est encore peinture. Il fallait son estompage pour que Titien brisât la ligne de contour, pour que pût naître le graveur Rembrandt. Mais en Italie et alors, il suffit d'adopter la technique de Léonard, et ce qu'en avaient pressenti ou retrouvé quelques autres — surtout en supprimant la transfiguration et l'intelligence qu'elle exprimait — pour qu'un accord semblât s'établir entre la vision commune et le tableau, pour que la figure semblât libérée de la peinture. Si, pour un spectateur avide d'illusion, une forme de Léonard, de Francia ou de Raphaël avait été plus « ressemblante » qu'une forme de Giotto, de Botticelli, aucune

---

3. Pilippo Lippi, *Madone* (détail). Florence, musée des Offices.
4. Léonard de Vinci, *La Joconde* (détail). Paris, musée du Louvre.

forme des siècles qui suivront Léonard ne sera plus ressemblante que les siennes : elle sera seulement autre. La puissance d'illusion qu'il apportait au peintre, au moment où la chrétienté affaiblie, bientôt divisée, cessait de soumettre le témoignage de l'homme à l'invincible stylisation qu'est toute présence de Dieu, allait orienter la peinture entière.

Peut-être n'est-ce pas hasard si, de tous les grands peintres, celui qui exerça l'influence la plus étendue et la moins spécifique fut l'un des rares dont l'art n'ait pas été l'obsession exclusive, et la vie même...

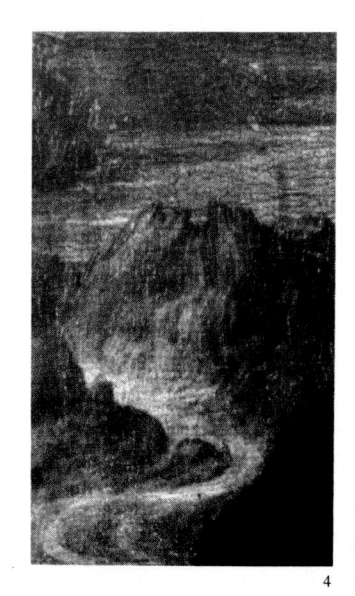

Lorsque, au XVIᵉ siècle, l'académisme antique, reparu, sembla proclamer la valeur artistique du désir, le monde chrétien et surtout l'Italie, non sans rechutes, échappait au sacré et au démon. La « divine proportion » qui ordonne les éléments du corps humain était devenue loi, et l'on avait attendu de ses mesures idéales qu'elles régissent les images, accordées par ailleurs au mouvement des planètes... Lorsque Nicolas de Cusa eut proclamé : « *Le Christ est l'homme parfait* », un cycle chrétien se ferma en même temps que les portes de l'enfer ; les formes de Raphaël purent naître.

L'Italie et la Flandre avaient tenu pour une évidence, que donner l'illusion des choses représentées était un des moyens privilégiés de l'art. Mais l'Italie revendiqua moins l'imitation de la réalité, que l'illusion d'un monde idéalisé ; son art si soucieux de ses moyens d'imitation, et qui attachait tant d'importance à « faire tourner » ses figures, se voulut à la fois le révélateur de l'irréel et l'expression la plus convaincante d'une immense fiction — de l'imaginaire harmonieux.

Toute fiction commence par : « Supposons que... ». Le *Christ* de Monreale n'avait pas été une supposition, mais une affirmation. Le *David* de Chartres n'avait pas été une supposition. Ni la *Rencontre à la Porte d'Or* de Giotto. Une *Vierge* de Lippi, de Botticelli, commençait à l'être ; la *Vierge aux rochers, la Cène* de Léonard, furent des contes sublimes.

Mais jusqu'au XVIe siècle, tout progrès de l'illusion avait été lié à la création ou au développement d'un style. Si les déesses archaïques de la Grèce avaient été moins illusoires que celles du style sévère, et celles-ci moins que les jeunes filles de Phidias ; les figures de Giotto moins que celles de Masaccio, celles de Masaccio moins que celles de Raphaël, leurs spectateurs avaient aisément confondu la puissance d'illusion de leur auteur et son génie, fondé ce génie sur cette puissance d'illusion. L'histoire de l'art imposée à l'Europe par l'Italie fait penser à celle des sciences appliquées : aucun peintre, aucun sculpteur du passé ne fut préféré à ceux du présent, avant la rivalité entre Léonard, Michel-Ange et Raphaël puis Titien, c'est-à-dire avant la possession des techniques de l'illusion. On honorait Giotto, voire Duccio, comme des précurseurs ; mais qui, avant le XIXe siècle, eût accepté de préférer leurs œuvres à celles de Raphaël ? On eût cru préférer la brouette à l'avion. Par ailleurs, nul ne leur avait préféré les Gaddi : l'histoire de l'art italien était celle des découvreurs successifs, entourés de disciples.

Or, le langage des formes de Phidias ou du fronton d'Olympie avait été aussi spécifique que celui des maîtres sumériens ou chartrains, parce qu'il avait été, comme lui, celui d'une découverte. Son histoire, comme celle de la sculpture et de la peinture italiennes, avait mêlé celle d'une conquête de l'illusion et celle d'une marche vers l'inconnu. Pendant plus de trois siècles, la peinture allait tantôt maintenir ce pouvoir démiurgique, devenir création de l'irréel comme elle avait été création des dieux puis du monde de Dieu — et tantôt devenir moyen de représentation de la fiction, technique du tableau vivant imaginaire. La phrase de Pascal : « *Quelle vanité que la peinture qui attire l'admiration par la ressemblance de choses dont on n'admire point les originaux !* » n'est pas une erreur, c'est une esthétique. Elle exigeait pourtant moins la peinture de beaux objets que celle d'objets imaginaires qui, devenus réels, eussent été beaux. D'où, le beau idéal.

Devrions-nous l'appeler le beau rationnel ? Défions-nous de ses théoriciens. Il symbolisa moins une esthétique parmi d'autres, que l'esthétique des hommes cultivés qui n'en avaient pas. Il la symbolise encore... Il se voulait transposable en littérature, en architecture, voire — plus prudemment — en musique ; surtout, il entendait l'être dans la vie. Subtilement parfois. Si un nu grec est plus voluptueux qu'un nu gothique, la Vénus de Milo, animée, serait-elle une belle femme ? Ce beau fut celui sur lequel s'accordaient les hommes cultivés, indifférents à la peinture. Celui où l'on pouvait admirer *de la même façon* tableau et modèle, celui qu'exigeait Pascal, mais que n'exprime guère son style d'eau-forte de Rembrandt... Un beau, selon lequel une galerie ne devait pas être un ensemble de tableaux, mais la possession permanente de spectacles imaginaires et choisis.

Car cet art, qui finit en se légitimant par la raison, fut l'expression d'un monde créé pour le plaisir de l'imagination. L'idée même de beauté, dans une civilisation qui fait du corps humain l'objet principal de l'art, est liée à l'imaginaire et au désir, et confond aisément les formes admirées avec les formes désirées. L'art qui se réclamait d'elle s'adressait à la fiction avec autant de force que la sculpture romane à la foi, mais le public auquel il s'adressait confondait Poussin avec Le Sueur, et la qualité du tableau, avec celle du spectacle représenté.

Ce public l'admira par une opération de l'esprit inverse de celle qu'avait appelée l'art médiéval, qu'appellera l'art moderne. Il n'avait pas plus été question d'imaginer les précurseurs du Christ semblables à des statues-colonnes, qu'il ne l'est aujourd'hui d'imaginer les baigneuses de Cézanne semblables à l'image qu'il en a donnée. Alors que pour le goût du XVIIe siècle, un tableau tira d'abord sa valeur de la projection, dans l'imaginaire, des formes qu'il figurait ; et d'autant plus que ses figures imposaient une suggestion plus précise. Les moyens employés devinrent ceux qui eussent permis à la scène représentée, si elle avait pris vie, d'occuper une place privilégiée dans l'univers : dans le monde que l'art avait « rectifié » pour susciter l'admiration, et que la peinture allait rectifier pour susciter le plaisir de l'amateur — souvent moins amateur de peinture que de fiction.

Ainsi les mythologies de Boucher succédèrent-elles à celles de Poussin.

D'autant plus aisément, que la peinture avait rencontré un autre puissant domaine de l'imaginaire : le théâtre. Il tenait, dans la vie, une place de plus en plus grande : en littérature, il prenait la première ; dans les églises, il imposait son style à la religion. Le spectacle recouvrait la messe comme la peinture recouvrait les mosaïques. Pour une Église moins soucieuse d'exprimer la foi que de pousser à la piété, quelle peinture eût été plus efficace que celle qui dispensait la plus grande illusion ? Giotto avait peint pour le peuple fidèle comme il eût peint pour saint François d'Assise ; la nouvelle peinture ne s'adressait pas aux saints, et entendait moins rendre témoignage que séduire. D'où, le caractère furieusement profane de cet art qui se voulait si pieux. Ses saintes n'étaient ni tout à fait des saintes ni tout à fait des femmes. Elles étaient devenues des actrices. D'où encore, l'importance des sentiments et des visages : le moyen d'expression principal du peintre était devenu le personnage. Les scènes de genre de Greuze étaient les sœurs des scènes religieuses. Comme le gothique tardif avait figuré un vaste mystère, cette peinture représentait un vaste opéra ; elle se voulait un théâtre sublime. Aussi l'esthétique du sentiment, à la fin du XVIIIe siècle, fit-elle bon ménage avec celle de la raison : il fallait seulement plaire à l'esprit en touchant le cœur. Stendhal ne reprocha au jury du Salon que de juger par système — c'est-à-dire sans sincérité ; et proposa de le remplacer par la Chambre des Députés. C'eût été proposer, un siècle plus tôt, de le remplacer par la Cour. Pour lui comme pour les Jésuites et les Encyclopédistes, la bonne peinture était celle qui plaisait à tout homme sincère et cultivé ; et la peinture plaisait à l'homme sincère et cultivé, non dans la mesure où elle était peinture, mais dans celle où elle représentait une fiction de qualité. Stendhal aimait le Corrège pour la finesse et la complexité de son expression des sentiments féminins : la plupart de ses louanges s'appliqueraient mot pour mot à une grande actrice, et quelques-unes à Racine ; mais toute personne indifférente à la peinture anime d'instinct les tableaux, et les juge en fonction du spectacle qu'ils suggèrent. En 1817, Stendhal écrit :

« *Si l'on avait à recomposer le beau idéal, on prendrait les avantages suivants : 1° un esprit extrêmement vif ; 2° beaucoup de grâce dans les traits ; 3° l'œil étincelant, non pas du feu sombre des passions, mais du feu de la saillie. L'expression la plus vive des mouvements de l'âme est dans l'œil, qui échappe à la sculpture. Les yeux modernes seraient donc fort francs ; 4° beaucoup de gaieté ; 5° un fonds de sensibilité ; 6° une taille svelte et surtout l'air agile de la jeunesse.* » Il croit attaquer David et Poussin, et oppose un théâtre à un autre.

Barrès, quatre-vingts ans après, ne se référera plus au beau idéal. Mais comme il s'accordera à Stendhal, à toute idéologie pour laquelle la peinture est fiction et culture !
« *Je n'hésite pas du moins à préférer aux primitifs, et même aux peintres de la première moitié du XVIe siècle, le Guide, le Dominiquin, le Guerchin, les Carrache et leurs émules qui nous donnèrent de fortes et abondantes analyses de la passion. Je comprends que les archéologues se réjouissent de remonter jusqu'à un Giotto, un Pisano, un Duccio. Je m'explique que des poètes, épris d'archaïsme, et qui, pour atteindre à une plus gentille gracilité, atrophient les sentiments en eux, se réjouissent de la pauvreté et de la mesquinerie de ces petites gens. Mais celui qui juge par soi-même, qui ne cède ni à ses préjugés d'école en faveur de la sobriété, ni à la mode, et qui est amateur de l'âme humaine dans ses abondantes variétés, reconnaîtra chez les bons exemplaires du peuple des musées au XVIIe siècle, des êtres qui reçoivent leur impulsion, non du monde extérieur, mais de leur univers intime, et qui ne se composent point sur des reliefs antiques ou des modèles, mais d'après leurs agitations propres dont ils ont une claire vision.*

« *... Pour les passions tendres, ces artistes, dédaignés de la mode moderne, sont souvent sublimes, notamment dans l'expression intense de la volupté. Le pathétique s'y* *fortifie de vérité pathologique. Voir à Santa Maria della Vittoria, de Rome, la célèbre statue de sainte Thérèse, du Bernin. C'est une grande dame défaillante d'amour.*

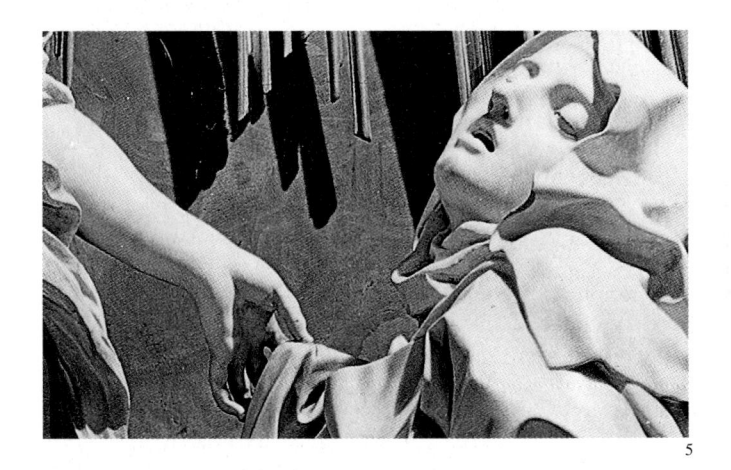

5

Songez à ce que voulaient le XVIIe siècle, le XVIIIe siècle, et Stendhal, et Balzac. Le peintre place ses personnages dans une action où ils pourront fournir exactement ce que nous réclamons de confusion, de faiblesse pour être touchés et renseignés. »

Barrès connaît mal la peinture, mais il aime les tableaux. Il est conscient de la transformation que subit le musée. Devant la résurrection de Giotto, il semble croire qu'un goût, une mode, opposent les spectacles de celui-ci aux spectacles des Carrache. Peut-être sent-il pourtant qu'il s'agit d'autre chose : de ce que pour les peintres (et non, comme il l'écrit, pour les poètes) la valeur de la peinture n'est pas dans la représentation fidèle ou idéalisée des spectacles. Mais il voudrait que la

---

5. Le Bernin, *L'Extase de sainte Thérèse* (détail). Rome, Santa Maria della Vittoria.

6. Giotto, *La Rencontre à la Porte d'Or* (détail), env. 1303-1305. Padoue, chapelle de l'Arena (chapelle degli Scrovegni).

7. Procaccini, *La Madeleine pénitente et un ange*. Milan, Pinacothèque de la Brera.

peinture demeurât spectacles, que celle du passé fût admirée encore en tant que spectacles.

En son temps, où, sous l'action conjuguée des nouvelles connaissances, de la photographie et de l'art moderne, le Musée Imaginaire s'entrouvre par l'annexion des primitifs, la « société » le voudrait aussi. Certes, la colère soulevée par *Olympia* tient d'abord à ce que Manet ne sait pas dessiner, *puisqu'*« il n'imite pas la nature ». (Et peut-être Giotto, comme Manet, l'imite-t-il mal, mais Duccio ne l'imite pas du tout.) La société, qui achète les Petits Hollandais, ne rejette pas le réalisme en raison de son exactitude, mais de sa vulgarité ; la « distinction » qu'elle exige est inséparable d'un théâtre, d'une fiction dont la peinture doit être le moyen privilégié. Même pour un écrivain aussi artiste que Walter Pater, la peinture est encore fiction. Le plus puissant adversaire du nouveau musée, comme de la nouvelle peinture, n'est pas telle théorie ou telle école : c'est cette fiction, à laquelle appartiennent toutes les œuvres admirées.

Le Musée Imaginaire ne s'imposera que lorsque l'art moderne aura détruit cette fiction. Mais entre « le beau idéal » de Stendhal et « la beauté » de Barrès, s'est produit un événement sans précédent : les vrais artistes on cessé de reconnaître les valeurs des puissants.

Le personnage de comédie appelé le bourgeois est né en même temps que son symétrique, l'artiste. Cette comédie écartée, il reste que la puissante bourgeoisie de Louis-Philippe et de Napoléon III ne ressemble pas plus à celle de Louis XVI, que Baudelaire à Racine, ou Van Gogh à Chardin.

Le roi bourgeois succède au dernier roi de France sacré à Reims. L'ordre fondamental imposé au monde par le christianisme (et singulièrement par le catholicisme, car le protestantisme ne suscite ni cathédrales ni Vatican) a disparu. Celui des grandes monarchies a perdu la légitimité que les ordres de l'esprit tenaient de l'ordre de l'âme, et son caractère invulnérable. La Raison a échoué à fonder son ordre propre : il eût été celui d'une République exemplaire, et non le pouvoir de l'argent ou des techniques, qui n'est pas un droit mais un fait. Cette Raison appelait moins le beau idéal selon David — romain ou napoléonien — que le beau idéal selon Stendhal, mais les peintres exaspérés par le jury eussent moins aspiré que Stendhal, à le remplacer par la Chambre... Incapable d'inventer ses cathédrales et même ses palais, contrainte de copier ceux de ses prédécesseurs, la civilisation nouvelle n'est pas moins incapable de susciter une expression suprême du monde, une expression suprême de l'homme.

La bourgeoisie espéra-t-elle confusément que l'enseignement d'Ingres lui apporterait ce qu'avait apporté celui de Raphaël à l'aristocratie pontificale ? Il y manquait Jules II — surtout, il y manquait le Christ. Les valeurs intellectuelles d'Ingres sont celles que suggèrent les tragédies de Voltaire. Comme Sainte-Beuve, il pense en fonction d'un monde disparu, peintre idéal d'une France qui n'eût pas connu la Révolution, et où la bourgeoisie fût devenue ce qu'elle devenait en Angleterre, où le roi demeurait le Roi. De la même façon que Balzac, il rejette dans l'univers de la Restauration la métamorphose sociale qui l'assiège ; il remonte le temps, qui descend vers Daumier. Il n'y a pas après lui de grands portraits bourgeois, mais il y a encore des portraits de grand style, du *Chopin* de Delacroix au *Baudelaire* de Courbet : ce sont des portraits d'artistes. Ces « frères » écartés, le portrait ne peut aboutir qu'au peintre ou au modèle, et ils sont ennemis : *Madame Charpentier* est un Renoir, non un portrait bourgeois, *Madame Cahen d'Anvers* est un portrait bourgeois avant d'être un Bonnat. Est-il néces-

8. Ingres, *Portrait de L.-F. Bertin*, 1832. Paris, musée du Louvre.

9. Daumier, *Portrait de Gazan*, 1835. Paris, Bibliothèque nationale, Cabinet des Estampes.

saire, pour s'en convaincre, de les pendre au mur d'un salon de 1890 ? Il y a des styles de l'époque bourgeoise, il n'y a pas de grand style de la bourgeoisie. Le paysagiste Corot avait inventé de traiter la figure comme un paysage : bientôt va disparaître le regard... Et tant pis s'il demeure, car la première puissance qui n'ait pas trouvé ses portraitistes, a trouvé très vite ses caricaturistes...

Séparée de l'ordre profond de la monarchie chrétienne autant que de l'épopée de la Convention, inquiète des deux révolutions qui lui avaient donné le pouvoir au nom du peuple, menacée à son tour par le peuple et par le reflux des grands souvenirs napoléoniens (dont l'union ne se fera que superficiellement, et pour un temps très court, sous le Second Empire), la bourgeoisie française n'appelait qu'un imaginaire d'illustration. Le siècle, comme le Victor Hugo de *Quatre-vingt-treize*, connaîtra des mythes révolutionnaires et des mythes réactionnaires : pas un mythe bourgeois. Or, la prise de l'imaginaire sur les hommes n'avait cessé de se resserrer pendant tout le XVIIIe siècle. L'obsession de Rome avait fait de la Révolution un théâtre permanent ; puis l'imaginaire avait cessé de s'incarner dans l'histoire vécue, parce qu'il est irréductible à toute histoire contemporaine, à l'exception des années d'Apocalypse ; parce que l'irréel est une condition de sa vie. Michelet, évoquant les souvenirs de sa famille, parlera de « l'immense ennui » de l'Empire à son apogée ; Napoléon devra s'éloigner pour trouver sa figure légendaire. Les incarnations historiques échoueront désormais : il faudra plus de soixante ans pour que la Révolution retrouve en littérature son accent romain ; ni 1848, ni la Commune ne retrouveront celui de la Convention. Et la bourgeoisie ne connaîtra qu'un imaginaire qui la nie. Quelle affinité entre elle et *les Croisés* de Delacroix ? L'art qui refuse de la faire entrer dans l'imaginaire y fera entrer ce qui s'oppose à elle. La littérature de l'aristocrate Byron, révolté contre l'aristocratie anglaise, nourrira les artistes bourgeois du Continent révoltés contre leur bourgeoisie. Et plus celle-ci, à défaut de son style, trouvera son plaisir, plus elle glissera de son annexion de Racine à son amour d'Augier, de son exaltation d'Ingres à son amour de Meissonier ; et plus l'art approfondira sa révolte, de Hugo à Rimbaud et de Delacroix à Van Gogh.

Contre un monde où ne demeurait qu'une puissance de fait, le romantisme avait fait appel au monde du génie. Le XVIIIe siècle ne donnait nullement au mot génie, le sens que nous lui donnons. Pour Stendhal encore, un homme de génie est un homme ingénieux, ou puissamment original. La résonance grave et mystérieuse du mot, l'idée même d'un monde du génie, sont nées du romantisme. Alors Dante, Shakespeare, Cervantès, Michel-Ange, Titien, Rembrandt, Goya, devinrent un domaine de références aussi rigoureux que l'avaient été l'antique et la raison ; mais non de même nature. L'art pour l'art reconnaissait et proclamait ses héros.

Mais la rupture qui sépare les écrivains romantiques des classiques n'a pas son équivalent en peinture — sauf chez Goya, dont l'influence profonde s'exercera plus tard. Les premiers s'opposent à l'esthétique littéraire classique plus ou moins acceptée en Europe au XVIIe siècle, et aux œuvres qui l'expriment ; mais si les peintres s'opposent aussi à cette esthétique, ils ne s'opposent pas aux œuvres capitales exécutées pendant sa royauté : *ils les continuent*. Racine « correspond » à Poussin, mais qui donc correspond à Hals, Velazquez, Rembrandt, tous morts, comme Poussin, entre 1660 et 1670 ? La France, reine alors des valeurs littéraires, ne l'était pas de la peinture. La littérature classique n'est pas contemporaine

10. Rembrandt, *Les Trois Croix*. Paris, musée du Petit Palais.

d'une peinture classique, mais de la grande peinture à l'huile de l'Europe, qui continue le XVIe siècle romain, vénitien surtout. Et Géricault, Constable, Delacroix, font partie du musée, de la même façon que leurs grands prédécesseurs. S'ils n'avaient jamais vu une cathédrale, quelles lignes de leurs tableaux en eussent été changées ? Au sens où Ingres est un néo-romain, Delacroix est un néo-vénitien. En peinture, le romantisme, qui s'oppose bien moins à un classicisme large qu'à un néo-classicisme étroit, n'est pas un style : c'est une école. Il modifia moins profondément la peinture qu'il ne transforma le trésor du musée, par la mutation soudaine des valeurs qui l'avaient établi.

Les maîtres de la démiurgie occidentale, pour lesquels la peinture fut un moyen d'accès à un monde cosmique ou surhumain, comme elle l'avait été parfois avant eux à un monde sacré, ont aujourd'hui d'autant moins d'influence que la pire peinture n'a cessé, dérisoirement, de se réclamer d'eux ; le théâtral est la caricature du sublime. Ils pèsent moins sur l'art moderne que le Greco, Vermeer ou Piero della Francesca : mais ils demeurent de hautes valeurs spirituelles. De notre civilisation, et non de notre seul romantisme : en quoi le Michel-Ange de Florence, le dernier Rembrandt, font-ils penser plutôt à Beethoven qu'à Bach ? Leur domaine appartient aujourd'hui aux domaines perdus. Il introduit dans chaque art ce qui n'est pas limité par cet art : Maillol n'eût sculpté ni les *Rois* de Chartres ni la *Pietà Rondanini*, Mallarmé n'est pas Shakespeare. Mais dans la vallée des morts où le XIXe siècle unissait Shakespeare à Beethoven, et Michel-Ange à Rembrandt, il les unissait tous aux sages, aux héros et aux saints. Ils étaient les témoins d'une faculté divine de l'homme, et aussi les accoucheurs de l'Homme à naître. Les grands mythes de ce siècle : liberté, démocratie, science, progrès, convergent sur le

11. Michel-Ange, *Pietà Rondanini* (détail), 1564. Milan, Castello Sforzesco.

plus grand espoir qu'ait connu l'humanité depuis les catacombes. Lorsque les marées du temps auront usé, au fond fraternel de l'oubli, les débris de cette ardente prospection, sans doute s'apercevra-t-on qu'aucune ne fut aussi soucieuse d'apporter à tous les hommes leur propre grandeur. Mais Rembrandt et Michel-Ange rejoignaient alors Shakespeare autant qu'ils rejoignaient Rubens, et beaucoup plus qu'ils ne rejoignaient Fragonard ou même Velazquez — à la façon dont la part de transcendance de telles mosaïques de Monreale rejoint Dante autant que Vézelay...

Cependant, par l'étroite et profonde trouée qu'avaient ouverte ces présences hantées, tout un passé s'engouffrait. Et la résurrection simultanée de ces chefs-d'œuvre séparait le génie de leurs auteurs, de la fiction à travers laquelle ils l'exprimaient.

Les maîtres de l'irréel avaient été des créateurs *d'apparitions*. Nous savons aujourd'hui que l'Italie découvrit la *Vénus* de Botticelli et celle de Titien, les figures de *l'École d'Athènes*, les *Sibylles* et le *David* de Michel-Ange, bien qu'elles ne fussent plus des figures de vérité, avec la même surprise éblouie que la France avait découvert les personnages du tympan de Moissac et du *Portail Royal* de Chartres, les anges de Reims ; ou que l'Allemagne avait découvert le *Cavalier* de Bamberg, les *Donatrices* de Naumburg et les crucifix rhénans. Le caractère convaincant de ces apparitions avait tenu à des moyens d'illusion de plus en plus efficaces, mais aussi à d'autres moyens, qui étaient proprement ceux de la création. Tout peintre habile pouvait peindre des figures illusoires, mais les créations de l'irréel étaient les figures par lesquelles les grands artistes donnaient vie — une vie qui n'était pas celle des éphémères vivants — à ce qui ne pouvait exister que par eux. Le *David* de Michel-Ange n'avait pas été une figure illusoire ; la péremptoire liberté des derniers Titien s'était peu souciée d'imiter des tableaux vivants. Le *Saint Augustin guérissant les lépreux* du Tintoret, sa *Crucifixion* à San Rocco, rejoignent la *Nuit* de Michel-Ange, la *Pietà Barberini*, le *Comte d'Orgaz* dans un haut lieu aussi séparé du théâtre que de la terre, dans la solitude où les rejoindra Rembrandt. C'est sur une écriture de draperies envolées que se fonde la stylisation la plus austère de cinq siècles d'Occident, celle du Greco. *Le Jugement dernier* de la Sixtine, la *Pietà* de Titien, même la *Crucifixion* de San Rocco, unissent leurs couleurs dans un camaïeu d'orage aussi hostile à la séduction et à l'illusion que l'éclatant *Saint Augustin guérissant les lépreux*, les plus riches Titien ou le *Saint Maurice* de l'Escurial. Rubens peignant pour lui-même est moins dramatique, mais abandonne l'opéra pour une féerie forcenée, pour les paysages les plus éclatants et les plus transfigurés que la peinture ait connus jusqu'à lui...

Toutes ces apparitions étaient devenues des spectacles ; c'est parce que la société du XIXe siècle vit les *Vénus* de Titien comme celles de Cabanel, qu'elle confondit celles de Cabanel avec celles de Titien. Mais pendant que l'esthétique de la fiction s'étendait sur les deux tiers de l'Europe, la peinture, avec Velazquez, avec Rembrandt, avait poursuivi son propre destin. Finies, l'admiration, la compréhension qu'avaient rencontrées à quelque degré tous les grands artistes, de Cimabué à Raphaël et à Titien : Rembrandt vieilli est le premier génie maudit. Jusqu'au XVIe siècle, les peintres avaient participé à la fiction en l'approfondissant par la découverte ; puis les peintres secondaires y participèrent sans rien découvrir ; les maîtres enfin découvrirent sans y participer. Alors, pour les peintres et pour une partie des amateurs — Delacroix aidant, qui ressuscitait Venise autant qu'il continuait Rubens ; et la découverte de la

12. Le Tintoret, *Saint Augustin guérissant les lépreux*, 1549-1550. Vicence, Musée civique.

photographie dévalorisant les techniques d'illusion — ces spectacles cessèrent de l'être ; ils ne redevinrent pas des apparitions, mais ils devinrent des tableaux, au sens où nous l'entendons aujourd'hui. Pour les vrais peintres, ils l'avaient toujours été ; mais pas toujours *ensemble.* Si Delacroix admirait Raphaël, Ingres réprouvait Rubens. Le long conflit des poussinistes et des rubénistes allait devenir sans objet. De même que le romantisme avait substitué, à un style supposé exemplaire, une création héroïque qui semblait, elle aussi, échapper à l'histoire, Manet et l'art moderne naissant allaient élire, en l'isolant des siècles, la création spécifiquement picturale.

II

Manet passe de ses premières toiles romantiques à *Olympia*, au *Portrait de Clemenceau*, au petit *Bar des Folies-Bergère*, comme la peinture passe du musée à l'art moderne. Et ainsi nous guide vers ce qui, du passé traditionnel, nous paraît appelé par le nouveau musée : ses accoucheurs y seront les maîtres. D'abord, évidemment, Goya.

Celui-ci pressent l'art moderne, mais la peinture n'est pas à ses yeux la valeur suprême : elle crie l'angoisse de l'homme abandonné de Dieu. Son apparent pittoresque, jamais gratuit, se relie, comme le grand art chrétien à la foi, à des sentiments collectifs millénaires, que l'art moderne entendra ignorer. Le *Trois Mai 1808* est le hurlement de l'Espagne ; *Saturne*, le plus vieux hurlement du monde. Son fantastique ne vient pas des albums de caprices italiens, mais du fond de la peur ; comme Young, comme la plupart des poètes préromantiques, mais avec génie, il rend leur voix aux forces de la nuit. Ce qui est moderne en lui, c'est la liberté de son art. Si sa palette n'appartient pas à l'Italie, elle n'est pas toujours étrangère au musée : on peut imaginer un dialogue entre l'ombre tragique du *Trois Mai* et l'ombre de Rembrandt, mais non avec celle qui, à partir de Manet, ne sera plus qu'une couleur. Il n'y a pas si loin, des *Majas au balcon*, à la *Fille et sa duègne* de Murillo ; mais de ces *Majas* (bien innocentes encore), au *Balcon* de Manet ? On peut tirer de Goya, comme de Victor Hugo, une anthologie moderne ; mais comment ne pas y entendre la voix souterraine ?

13. Murillo, *Jeune Fille et sa duègne* (détail), 1665-1675. Washington, National Gallery of Art.

14. Manet, *Le Balcon*, 1868-1869. Paris, musée d'Orsay.

15

Avec sa résurrection et celle de Velazquez, reparaissent les derniers Frans Hals (les mains des *Régentes* sont peut-être le premier accent agressivement moderne de la peinture) ; avec ses dessins, les croquis où la vieillesse de Titien brise de façon décisive la ligne continue de Florence et de Rome ; enfin, la gloire de Rembrandt. Cette lignée est accompagnée, confusément, de morceaux des Vénitiens, des Espagnols, des portraitistes anglais (Vermeer, malgré Thoré, surgira tard) ; enfin de Gros, de Géricault, de Delacroix, de Constable, de Turner, de Courbet, — voire de Decamps et de Millet...

Mais nous pensons à tels accents de ces peintres plus qu'à leur œuvre, car souvent ils racontent. Et le premier caractère de l'art moderne est de ne pas raconter.

15. Velazquez, *L'Infante doña Margarita d'Autriche* (détail), env. 1660. Madrid, musée du Prado.

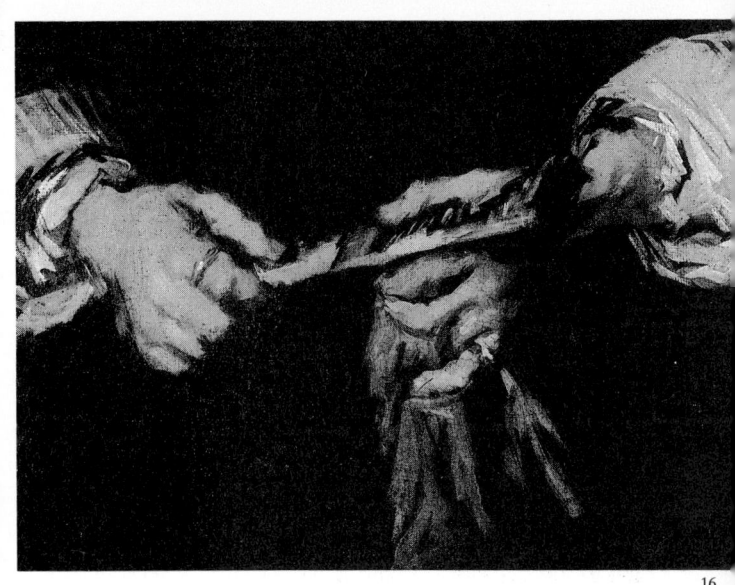

Pour qu'il naisse, il faut que l'art de la fiction finisse. Non sans convulsions. La grande peinture d'histoire agonise au XVIIIe siècle, bien qu'elle seule ait droit à la cimaise à côté du portrait. Rien ne retient le glissement de la peinture, à travers les rêves et les ballets de Watteau, vers la scène de genre et la nature morte, vers Chardin, vers les déshabillés de Fragonard (et *l'Enseigne de Gersaint* est un tableau de genre). Un soubresaut avec David, avec Gros ; enfin Delacroix. Puis c'en est fait. Delacroix avec *la Liberté conduisant le Peuple*, Manet avec *Maximilien*, tentent tour à tour d'actualiser l'histoire, mais Manet ne se dépêtrera pas du *Maximilien*. Courbet veut représenter autre chose que ses prédécesseurs parce qu'il ne veut pas raconter ; mais il veut représenter — et c'est

16. Frans Hals, *Les Régentes de l'asile de vieillards de Haarlem* (détail), 1664. Haarlem, Frans Hals-Museum.

par là qu'à nos yeux, il appartient au musée ancien : en substituant *l'Enterrement à Ornans* ou *l'Atelier* aux sujets de Delacroix, il lutte contre le musée aussi superficiellement que Burne-Jones en peignant des sujets botticelliens, ou Gustave Moreau en peignant des licornes ; et son génie ne tient pas à cette substitution. Le sujet doit disparaître parce qu'un nouveau sujet paraît, qui va rejeter tous les autres : la présence dominatrice du peintre lui-même. Pour que Manet puisse peindre le *Portrait de Clemenceau*, il faut qu'il ait résolu d'oser y être tout, et Clemenceau, presque rien.

Nous savons aujourd'hui ce que Clemenceau pensa de ce portrait : « Il me manque un œil, et j'ai le nez de travers. » Boutade, car c'est lui qui fit entrer *Olympia* au Louvre. Mais désaccord différent de celui qui l'avait opposé à Rodin. Il avait demandé au sculpteur de recommencer son buste parce qu'il récusait l'interprétation de son visage ; on peut imaginer un tel conflit entre Donatello et l'un de ses modèles. Clemenceau voulait que Clemenceau selon Rodin fût aussi Clemenceau selon lui-même. Mais il ne s'agit pas seulement, dans le portrait, de Clemenceau selon Manet : il s'agit d'abord de Clemenceau selon « la peinture ».

Le nom de Manet, malgré ce qu'une partie de son œuvre doit à ses cadets, malgré la grandeur de son aîné Daumier, a pris une signification symbolique. Il était mort lorsque Cézanne déclara : « *Notre Renaissance date d'Olympia*, et Degas : « *Il était plus grand que nous ne l'avions cru...* » Mais c'est à ses expositions, que le conflit qui marque l'origine de la peinture moderne devint éclatant, par la proclamation des valeurs de celle-ci, clandestines jusqu'alors. Daumier, timide devant son propre génie, peint pour lui-même plus encore que pour

17. Manet, *Portrait de Clemenceau* (détail), env. 1879-1880. Paris, musée d'Orsay.

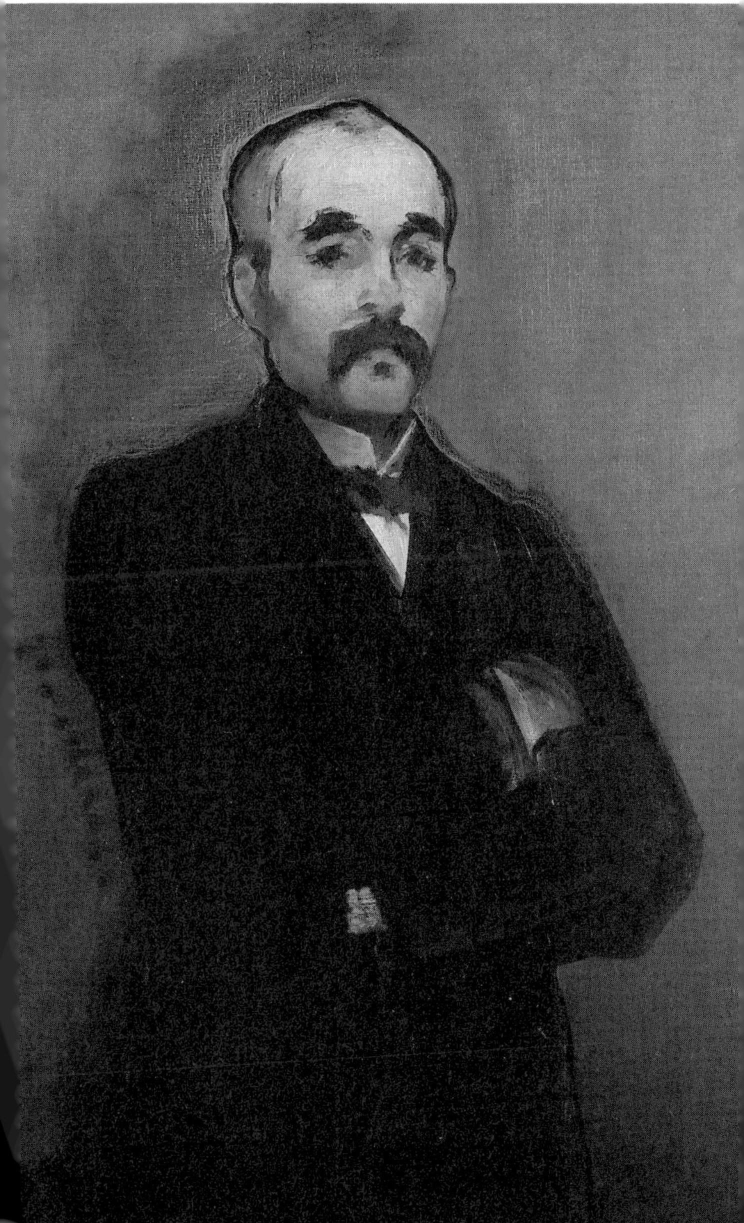

18. Goya, *L'Enterrement de la sardine*, 1793. Madrid, Real Academia de Bellas Artes de San Fernando.

la postérité. Comme Goya, il appartient à la fois au musée et à l'art moderne. Ses toiles à sujets populaires *(la Laveuse, la Soupe)* ne sont nullement anecdotiques ; l'effort et la peine du peuple y sont transfigurés par son art comme ils le sont dans l'histoire par celui de Michelet, son ami. Ses sujets illustratifs *(les Voleurs et l'âne, Don Quichotte)* sont délivrés de l'illustration, ses sujets hollandais (joueurs, amateurs d'estampes et de peinture) le sont de l'anecdote — au point qu'on ne voit plus qu'ils sont des sujets hollandais — par la largeur du style, l'indifférence à l'illusion, un schématisme évidemment moderne. Mais les modernes se sépareront de lui, comme de Goya, par leur refus de toute valeur étrangère à la peinture, et par la nature de leur palette.

19. Daumier, *Les Joueurs d'échecs* (détail), env. 1863. Paris, musée du Petit Palais.

20. Manet, *L'Exécution de l'empereur Maximilien*, Mannheim, Städtische Kunsthalle.

L'Exécution de Maximilien de Manet, c'est le *Trois Mai* de Goya, moins ce que ce tableau signifie. *Olympia* est la *Maja nue*, comme le *Balcon* est les *Majas au Balcon*, moins ce que signifient les deux Goyas. Les déléguées du démon sont devenues d'innocents portraits. Une blanchisseuse de Manet serait celle de Daumier, moins ce que cette dernière signifie ; une parente de la femme du *Linge*. L'orientation que Manet tente de donner à la peinture rejette ces significations. Et à leur exclusion se lie, chez lui, la création d'une harmonie dissonante que nous retrouverons dans toute la peinture moderne.

Les *Joueurs d'échecs* de Daumier ont à peine plus de signification que la plupart des toiles de Manet, mais les visages y ont encore une expression ; or ce n'est pas hasard, si Manet est avant tout un grand peintre de natures mortes. Et l'harmonie de ces *Joueurs*, pour magistrale qu'elle soit, appartient au système consonant du musée. Ce que Manet apporte, non de supérieur, mais d'irréductiblement différent, c'est le vert du *Balcon*, la tache rose du peignoir d'*Olympia*, la tache framboise derrière le corsage noir du petit *Bar des Folies-Bergère*. Son tempéra-

---

21. Goya, *Les Fusillades du 3 mai 1808*, 1814-1815. Madrid, musée du Prado.

22. Manet, *Olympia* (détail), 1863. Paris, musée d'Orsay.

ment, comme la prise que le musée conservait sur lui, l'avaient poussé à chercher d'abord la matière dans une richesse de bruns hispano-hollandais qui n'étaient pas de l'ombre, et s'opposaient à des clairs qui n'étaient pas de la lumière ; c'était la tradition ramenée au plaisir du peintre. Puis, le rapprochement des couleurs, de plus en plus délivrées des bruns et des vernis, prend sa force spécifique. *Lola de Valence* n'était pas tout à fait « un bijou rose et noir », mais *Olympia* commence à l'être, et dans *Une moderne Olympia* de Cézanne, l'ombre enveloppante aura disparu. Le chat noir de Manet se mêlait à l'ombre,

23. Cézanne, *Une moderne Olympia*, env. 1873. Paris, musée d'Orsay.

24

le chien noir de Cézanne se découpe sur les draps. *La Pendule de marbre* sera réellement noire, le grand coquillage, réellement rose. De cet accord nouveau *des couleurs entre elles*, substitué à une harmonie des couleurs avec des sombres qui se référait au domaine de l'illusion, naîtra l'emploi de la couleur pure. Les sombres du musée n'étaient pas le grenat du XVe siècle : c'étaient ceux de la *Vierge aux rochers*, les tons nés de l'ombre et de la profondeur. Et l'ombre avait suffi à limiter la dissonance, pourtant résolue, de maintes peintures espagnoles. Ces tons disparaissent avec l'ombre : l'accord dissonant, timidement encore, prépare la résurrection de la peinture à deux dimensions. De Manet à Gauguin et à Van Gogh, de Van Gogh aux Fauves, cette dissonance affirmera sa légitimité, et finira par révéler la stridence des figures des

24. Cézanne, *La Pendule de marbre*, 1869-1870. Paris, collection particulière.

Nouvelles-Hébrides... À l'époque où la couleur pure va disparaître de la France avec l'imagerie et la sculpture populaire, elle se glisse dans une peinture raffinée qui semble chargée d'assurer un mystérieux relais. Elle transformera profondément le musée.

Que rassemble-t-il alors ? L'antique, plus romain que grec ; la peinture italienne à partir de Raphaël, les Grands Flamands, les Grands Hollandais, les Grands Espagnols à partir de Ribera ; les Français à partir du XVIIe ; les Anglais à partir du XVIIIe ; Dürer et Holbein, un peu en marge ; et, plus en marge encore, quelques primitifs.

C'est essentiellement le musée de la peinture à l'huile. D'une peinture à laquelle la conquête de la troisième dimension avait été essentielle, et pour laquelle l'union entre l'illusion et l'expression picturale allait de soi. Union qui voulait exprimer non seulement la forme des objets, mais encore leur matière et leur volume (indifférents à tous les arts non occidentaux), c'est-à-dire atteindre à la fois la vue et le toucher. Union qui voulait aussi, non pas suggérer l'espace comme un infini, à la manière des lavis chinois, mais le limiter par le cadre qui l'enferme, et y plonger les objets comme les poissons d'un aquarium sont plongés dans son eau — d'où sa recherche d'une lumière et d'un éclairage particuliers : dans le monde entier, et depuis qu'on y peint, l'Europe seule connaît l'ombre de nos tableaux. Union qui impliquait souvent celle de ce que nous voyons et touchons avec ce que nous savons. D'où un *détail lié à la profondeur* qui ne paraît dans aucun autre art que le nôtre.

Par la poursuite de cette union, qui semblait détruite chaque fois qu'elle était dépassée, la peinture occidentale avait fait nombre de découvertes : nous avons vu qu'une fresque de Giotto avait été plus « ressemblante » qu'une de Cavallini, un tableau de Botticelli plus qu'un de Giotto, un tableau de Raphaël plus qu'un de Botticelli. Le XVIIe siècle, dans les Pays-Bas comme en Italie, en France comme en Espagne, avait poursuivi de tout son génie la même recherche, dont l'usage généralisé de la peinture à l'huile était le symptôme et le puissant moyen. On avait traduit le mouvement, la lumière, les matières ; on avait découvert le raccourci, comme le clair-obscur ou l'art de peindre le velours ; et ces découvertes étaient devenues aussitôt patrimoine commun, de même que le sont devenus sous nos yeux, dans l'art cinématographique, le travelling et le montage rapide. D'où, l'idée que l'illusion était devenue un moyen privilégié de l'expression et de la qualité, comme elle l'avait été dans ce qu'on appelait l'art antique. D'où la subordination, apparemment acceptée, de l'écriture picturale à ce qu'elle représentait.

Au musée, non moins ignorant des archaïques et d'Olympie que des fétiches, et où les œuvres les plus profondes de Michel-Ange passent pour inachevées, l'art grec — l'art tout court — commence à Phidias. Le « fini » est alors un caractère de toute la sculpture acceptée, c'est-à-dire de l'antique, et de la sculpture européenne depuis le *David* de Donatello : le romantisme exalte le pittoresque poétique des cathédrales, mais Viollet-le-Duc croit sauver Notre-Dame de Paris en détruisant ses statues. Et le fini est aussi un caractère de presque toute la peinture du musée. Or, le premier caractère commun aux arts dont commence la discrète résurrection est l'absence — le refus — du fini. D'où la découverte, rappelée par Baudelaire à propos de Corot, qu'« *une œuvre faite n'est pas nécessairement finie, une œuvre finie, pas nécessairement faite* ».

Ce que le langage des ateliers appelle « le faire » prend alors la place du « rendu ». On dira que Manet ne sait pas peindre un centimètre de peau, et qu'*Olympia* est dessinée en fil de fer : on oubliera seulement qu'avant de vouloir dessiner *Olympia* ou peindre de la chair, il veut peindre des tableaux. L'éclairage est le moindre de ses soucis. (À propos, *Olympia*, *le Fifre*, sont-ils vraiment éclairés de face ?) Le peignoir rose d'*Olympia*, le balcon framboise du petit *Bar*, l'étoffe bleue du *Déjeuner sur l'herbe*, sont manifestement des taches *de couleur*, dont la matière est une matière picturale, non une matière représentée. Le tableau, dont le fond avait été un trou, devient une surface. Les esquisses les plus impérieuses de Delacroix étaient presque toutes des dramatisations ; ce que Manet entreprend dans certaines toiles, est une picturalisation du monde.

25. Manet, *Étude pour un bar aux Folies-Bergère*, 1881. Amsterdam, Stedelijk Museum.

Les peintres veulent désormais faire la peinture visiblement maîtresse du spectacle, et non apparemment soumise à lui ; il leur semble rencontrer le pressentiment de cette maîtrise (non pas méditée et appliquée à l'œuvre entier, mais accidentelle, limitée souvent à un morceau, une toile, surtout une esquisse, toujours subordonnée) chez les maîtres qui « dessinaient du pinceau ».

Rubens avec les grasses arabesques brisées de ses esquisses, Hals avec ses mains schématisées de prophète de l'art moderne, Goya avec ses accents de noir pur, Delacroix et Daumier avec leurs coups de fouet rageurs, semblaient avoir voulu surgir dans leurs toiles, comme les primitifs lorsqu'ils ajoutaient leur visage à ceux des donateurs. Leur écriture véhémente, liée souvent à une relative indépendance de la tache, était une signature. Et les peintres qui signaient ainsi semblaient avoir préféré la matière de la peinture à celles qu'elle représentait.

Mais écriture et matière demeuraient au service de la représentation. Dans les derniers Titien, chez le Tintoret, l'accent du pinceau, la touche apparente, avaient été au service d'un lyrisme dramatique ; chez Rembrandt aussi, quoique intérieur. Delacroix ne s'abandonne pas sans remords à sa griffe de Rubens d'orage. Goya était allé parfois plus loin que tous ; mais Goya moins ses voix et la part d'ombres héritée du musée, c'est l'art moderne.

Il y avait aussi Magnasco, Fragonard et l'une des manières de Guardi. L'écriture frénétique des meilleurs Magnasco, toute en point d'exclamation, semblait suivre une lumière qui frisait objets et personnages (cette lumière frisante qu'Ingres jugeait inconciliable avec la dignité de l'art...). Elle était à son service ; même si cette lumière n'était pas figurée, la touche la suivait. Chez Magnasco comme chez de plus grands maîtres, le Tintoret ou Rubens, les riches coups de pinceau subordonnaient la fiction à la peinture, parce qu'ils affaiblissaient

---

26. Magnasco, *Galériens en prison*, entre 1711 et 1735. Bordeaux, musée des Beaux-Arts.

27. Fragonard, *Portrait de l'abbé de Saint-Non* (?), 1769. Paris, musée du Louvre.

l'illusion ; mais son éblouissante tragi-comédie italienne était trop souvent à la limite du jeu... Et le pouvoir qu'admiraient chez lui les rares peintres qui le connaissaient, celui que tant d'autres admiraient dans les derniers Titien, surtout chez Rubens et chez Rembrandt qu'aucun n'ignorait, ce pouvoir dont le XVIIIe prenait conscience. lorsqu'il se réclamait de ces maîtres, et même lorsqu'il ne s'en réclamait pas — Watteau, Fragonard, les Anglais, Guardi, Goya — les peintres le retrouvent, dégagé de sa gangue de concessions, dans un domaine presque confidentiel : celui de l'esquisse.

L'esquisse est, en principe, un « état » de l'œuvre antérieur à son achèvement, à l'exécution de ses détails surtout. Mais il en existe un type particulier : celui où le peintre, ne tenant pas compte du spectateur et indifférent à l'illusion, a réduit un spectacle réel ou imaginaire à ce par quoi il devient peinture : taches, couleurs, mouvements.

28. Toulouse-Lautrec, *Yvette Guilbert* (croquis). Collection particulière.
29. Toulouse-Lautrec, *Yvette Guilbert* (dessin), 1894. Albi, musée.

Il y a entre les esquisses de travail et les « expressions brutes » la même confusion qu'entre le croquis japonais et le grand art synthétique du lavis extrême-oriental ; qu'entre les croquis de Degas ou de Lautrec et le dessin de leurs lithos les plus improvisées en apparence. Le croquis est une note, certaines esquisses sont une fin. Et parce qu'elles sont une fin, il y a une différence de nature entre elles et le tableau achevé. Achever certaines esquisses (pour Constable, Corot) ne fut nullement les terminer, mais les traduire : leur ajouter le détail lié à la profondeur, faire que les chevaux fussent davantage des chevaux (pour Delacroix), les charrettes davantage des charrettes (pour Constable), que le tableau fût spectacle autant que peinture, devînt une convaincante fiction ; qu'il atteignît l'illusion par ce « fini » destiné au spectateur, qui n'était là qu'une survivance, et que l'esquisse avait rejeté...

30. Rubens, *Philopœmen reconnu par une vieille femme*. Paris, musée du Louvre.

31.

31. Delacroix, *Le sultan du Maroc Mulay Abd er-Rahman recevant le comte de Mornay, ambassadeur de France* (esquisse). Paris, collection particulière.
32. Valenciennes, *Le Toit au soleil*. Paris, musée du Louvre.

Les peintres le savaient bien — le savaient de mieux en mieux. Celles qu'avaient choisies les plus grands pour les conserver (celles de Rubens, les *Jardins* de Velazquez) ne nous donnent pas l'impression de représentations inachevées, mais d'expressions picturales complètes, que leur soumission à la représentation affaiblirait, et peut-être détruirait, Delacroix, bien qu'il affirmât la supériorité du tableau achevé sur l'esquisse, ne conserva pas par hasard un certain nombre des siennes, dont la qualité d'*œuvres* est égale à celle de ses plus beaux tableaux. Il se souvenait des ébauches de Donatello, de Michel-Ange ; de l'« inachèvement » du *Jour*... Et ce n'est pas davantage hasard, si Constable, le premier des grands paysagistes modernes, exécuta telles de ses toiles les plus importantes en « style d'esquisse », puis en tira les répliques dites « terminées », qu'il exposa tandis qu'il conservait presque secrètement ces esquisses admirables dont il écrivait qu'elles étaient les vrais tableaux. Ni si Valenciennes conserva celles qui nous font aujourd'hui découvrir en lui le précurseur de Corot, bien différent du peintre officiel dont il ne resterait rien sans elles. Ni si Daumier...

Non que l'esquisse fût tenue, par avance, pour supérieure à l'œuvre terminée. Il s'agissait d'esquisses d'une nature particulière, parentes de *l'Adoration des mages* de Léonard, de certains Rembrandt « inachevés », de presque tous les Daumiers. On peut douter que les esquisses des portraits de Raphaël aient été de cette nature ; l'esquisse d'Ingres pour sa *Stratonice* est inférieure au tableau de Chantilly ; mais ces dernières esquisses, qui sont des préparations, des *états* du tableau, sont soumises à ses lois. Alors que les esquisses de Rubens ne sont pas seulement des états ; alors que celle de *la Bataille de Taillebourg* est soumise aux lois de Delacroix, et le tableau achevé, aux lois de la critique et à un accord avec le témoignage de nos sens, au traditionnel illusionnisme que Delacroix, dans son *Journal*, n'ose pas récuser tout à fait. Le traitement *des pierres* du premier plan de la *Bataille* achevée, vulgarise l'œuvre jusqu'à en faire presque un tableau de Salon. Delacroix conserve ses esquisses ; Corot, comme Constable encore, conserve dans son atelier, sans les exposer, les tableaux de sa jeunesse auxquels se rattachera plus tard son style le plus pur. L'art entre en conflit avec le « fini », avec le témoignage de nos sens, avec la peinture en tant que représentation des spectacles.

33. Delacroix, *La Bataille de Taillebourg gagnée par Saint Louis* (esquisse), env. 1837. Paris, musée du Louvre.
34. Delacroix, *La Bataille de Taillebourg gagnée par Saint Louis*, 1837. Versailles, musée.

33

34

35

Et la frontière entre l'esquisse et le tableau commence à perdre sa précision. Il y a dans bien des chefs-d'œuvre, dans nombre de Vénitiens, puis les derniers Hals, les Anglais, des morceaux entiers en style d'esquisse. Le *Philopœmen* est-il esquisse ou tableau ? Et tels Rembrandt ? Et, bien plus près des artistes d'alors, le premier *Pont de Narni*, la *Marietta* de Corot, les meilleures toiles de Daumier, de Carpeaux, de Monticelli ? Pour Corot comme pour Valenciennes, Constable, Géricault, Delacroix, Daumier, le style d'esquisse était la forme de la liberté — d'une liberté de plus en plus impatiemment poursuivie, bien qu'elle n'échappât pas à la mauvaise conscience.

35. Rembrandt, *La Ronde de nuit* (détail), 1642. Amsterdam, Rijksmuseum.

36. Daumier, *Mère tenant son enfant* (esquisse), env. 1865-1870. Zurich, collection particulière.

Cette mauvaise conscience va cesser. Delacroix, bien qu'il aimât et conservât ses esquisses, ne les égalait pas à ses tableaux finis. Cézanne admire ces tableaux malgré leur fini, malgré leur sujet, *pour* leur esquisse secrète ; et les vraies esquisses, pour elles-mêmes. En Delacroix, il vénère « *la plus belle palette de l'Europe* ». Ce que les peintres retiennent de leurs prédécesseurs qui dessinaient du pinceau, ce qu'ils retiennent de Turner, ou des esquisses de Rubens et de Fragonard, c'est à la fois le refus de l'imitation, et un pouvoir de la couleur — d'une couleur dont celle du spectacle représenté cesse d'être le modèle supposé, et devient le moyen.

D'où, l'aventure de *l'idéologie* impressionniste. Pour les officiels, tous les tableaux impressionnistes semblent des esquisses. Pour Claude Monet et pour les siens, ces esquisses se réfèrent à des spectacles, qu'elles expriment avec plus d'intensité que les tableaux de leurs prédécesseurs. Le spectacle est incontestablement en cause, par une sensibilité poétique à la brume, à la neige, au printemps, et d'abord, bien entendu, à la lumière. Mais l'impressionnisme n'est pas un plein-airisme perfectionné par des opticiens. Ces tableaux dont le public ne distingue pas ce qu'ils représentent, et qui pourtant deviendront si ressemblants (et d'autant plus qu'ils peindront davantage des spectacles disparus, *les Boulevards* de Pissarro, *l'Avenue de l'Opéra* de Renoir...), se donnent pour des impressions, c'est-à-dire des interprétations. Mais si individuelles qu'elles soient, celles-ci ne sont pas orientées par une imitation, voire une « sur-imitation » qui serait, à un paysage, ce que l'idéalisation ou la caricature est à la figure humaine. Elles sont orientées par « la peinture » : par une recherche d'intensité des couleurs, une corrélation de ces couleurs, au nom du primat pro-

37. Delacroix, *Chasse aux lions* (esquisse), début 1854. Collection particulière.

38

clamé du peintre sur ce qu'il représente. Les théoriciens de l'impressionnisme affirment que la peinture s'adresse d'abord à l'œil ; mais si les tableaux qu'ils défendent s'adressent à l'œil, c'est bien plus comme tableaux que comme paysages. Pendant que change la relation de l'artiste et de la nature, ces théoriciens analysent *en fonction de la nature*, ce que font les peintres — pas toujours de façon délibérée, mais avec une admirable rigueur — *en fonction de la peinture*.

38. Monet, *Le Pont japonais*. Paris, collection particulière.
39. Vlaminck, *Intérieur*, 1903-1904. Paris, musée national d'Art moderne, Centre Georges-Pompidou.

Combien de fois la relation entre les théories et les œuvres a-t-elle appartenu à la comédie de l'esprit ! Les artistes mettent en théorie ce qu'ils voudraient faire, et font ce qu'ils peuvent ; mais leur pouvoir, parfois trop faible pour leurs théories, est parfois plus fort qu'elles. L'œuvre qui répond le mieux à la préface de *Cromwell* n'est certainement pas *Ruy Blas*, et c'est sans doute *l'Annonce faite à Marie*. Les théories de Courbet sont dérisoires devant sa peinture. L'important n'est pas que les bords de la Seine soient plus ressemblants chez Sisley que chez Théodore Rousseau : ce que cherche le nouvel art, c'est le renversement de la relation entre l'objet et le tableau, la subordination manifeste de l'objet au tableau. Comme Delacroix avait conservé ses esquisses pour l'admiration de Cézanne, Monet conservera ses derniers *Nymphéas*, beaucoup plus audacieux que ceux de l'Orangerie, pour l'admiration des tachistes de 1950. Renoir, Gauguin, Ensor, Van Gogh ne retiendront parfois de leur impressionnisme, que l'intensité de la couleur. Les taches de Bonnard, de Vuillard, à la fin du siècle, seront picturales, et non impressionnistes. La division des tons n'aboutit point à une « vision » plus subtile, mais à la couleur pure. Lorsque les Fauves entreront en jeu, l'équivoque sera dissipée, l'arbitraire du peintre, reconnu.

Manet est né en 1832, Pissarro en 1830, Degas en 1834 ; en deux ans, de 1839 à 1841, naissent Cézanne, Monet, Rodin, Redon, Renoir : pour chacun d'eux, l'univers deviendra le moyen de son propre langage. La fin, dont l'acuité de la vision n'est qu'un moyen, c'est d'abord la transformation des choses en un univers pictural autonome, cohérent et particulier. Bientôt Van Gogh va peindre. À la représentation du monde, succède son annexion.

Il est faux que le nouvel art soit « les objets vus à travers un tempérament », car il est faux qu'il soit une façon de voir : Cézanne ne voit pas plus en volumes, ni Van Gogh en fer forgé, que les peintres byzantins ne voyaient en icônes, ou que Braque ne verra les compotiers en morceaux. Il est l'annexion des formes par un schème intérieur qui prend *ou non* forme de figures ou d'objets, mais dont figures et objets ne sont que l'expression. La volonté initiale de l'artiste d'alors, c'est de tout soumettre à sa création, et d'abord l'objet le plus brut, le plus nu. Son symbole, c'est *la Chaise* de Van Gogh.

Non pas la chaise d'une nature morte hollandaise devenue, grâce à ce qui l'entoure et à la lumière, l'un des éléments de cette quiétude à quoi le déclin des Pays-Bas avait fait concourir toutes choses ; la chaise isolée (avec à peine une suggestion de misérable repos), comme un idéogramme du nom même de Van Gogh. Le conflit latent qui opposait depuis si longtemps le peintre au « monde extérieur », éclate enfin.

Le paysage deviendra de moins en moins ce qu'on appelait un paysage jusque-là, car la terre en disparaîtra ; la nature morte sera de moins en moins ce qu'on appelait une nature morte jusque-là. Finis les cuivres, le bric-à-brac et la cuisine, et tous les objets que rendait vivants la lumière ; la nature morte, qui abandonne l'étincelante verrerie hollandaise, finira par trouver les paquets de

40. Van Gogh, *La Chaise et la pipe*, 1888-1889. Londres, Tate Gallery.

tabac de Picasso. Une nature morte de Cézanne est à une nature morte hollandaise, ce qu'est un nu de Cézanne à un nu de Titien. Si paysage et nature morte — avec des nus et des portraits désindividualisés, qui sont eux-mêmes des natures mortes — deviennent des genres majeurs, ce n'est pas que Cézanne aime les pommes, c'est que dans un tableau de Cézanne qui représente des pommes, il y a plus de place pour Cézanne, qu'il n'y en avait pour Raphaël dans le portrait de Léon X.

J'ai entendu un des grands peintres de ce temps dire à Modigliani : « Tu fais une nature morte comme tu veux, l'amateur jubile ; un paysage, il jubile encore ; un nu, il commence à faire une binette en coin ; sa femme... ça dépend des fois ; mais si tu te mets à faire son portrait, si t'as le malheur de toucher à sa gueule, alors, là, mon vieux, tu le vois bondir ! » C'est seulement devant leur propre visage, que beaucoup d'hommes, même parmi ceux qui aiment la peinture, prennent conscience de l'opération magique qui les dépossède au bénéfice du peintre. Tout artiste qui imposa jadis cette conscience est moderne par quelque point : Rembrandt est le premier maître dont les modèles aient parfois craint de voir leur portrait. Le seul visage avec lequel le peintre moderne, souvent, « négocie », c'est le sien, et l'on peut beaucoup rêver devant les auto-portraits...

L'annexion du modèle par le peintre, du monde par la peinture, prend alors un caractère sans précédent, parce que, pour la première fois, les grands artistes n'expriment plus, ne reconnaissent plus la valeur suprême de la civilisation dans laquelle ils vivent. Cette valeur, confuse ou proclamée, Michel-Ange, Titien, Rubens, Poussin, Chardin même, l'avaient reconnue ; et tous les artistes des ères de foi. Rembrandt était au moins un peintre chrétien, alors que Cézanne est un peintre qui va à la messe, et *ne peut pas* peindre un crucifix. Mais la civilisation occidentale (qui devenait celle de la conquête du monde) n'était plus animée par une valeur suprême. D'où le conflit entre le romantisme et la bourgeoisie ; mais le romantisme finissait en exaltant le progrès, et sa valeur suprême avait été le sublime, qu'il attendait *des* arts. Pour les peintres modernes, il existe assurément une valeur suprême, mais c'est *la peinture*. L'art de la fin du XIXe siècle nous paraît, légitimement, d'un individualisme sans précédent ; mais ces individus, lorsqu'ils peignent (les valeurs de Rodin, elles, ne sont pas exclusivement d'ordre plastique), sont tous au service de la même valeur. Pour eux, l'avenir n'est pas le temps du progrès, mais celui de la postérité. Pour eux, le romantisme et le réalisme de Courbet ne sont pas des prédications, ce sont des palettes. Fraternelles, alliées contre l'ennemi commun : la fiction dérisoire choyée par une société dérisoire, et amputée de toute transcendance.

Précurseurs parfois comblés de l'art maudit, Rembrandt et Goya n'avaient pas conçu leur vocation comme celle de la solitude. C'est la solitude qui révèle à Goya sa vocation. Au XIXe siècle, une solitude particulière, féconde et contemptrice, devient liée à la vocation même de l'artiste. Villon se tenait pour un coquillard et peut-être pour un grand poète, non pour un génie réduit au cambriolage par les injustices de la monarchie : imagine-t-on Jean Fouquet, son contemporain, adversaire de Louis XI ? Michel-Ange se disputait avec le pape, non avec la papauté. Phidias n'était pas plus l'adversaire de Périclès, ou un sculpteur sumérien, du prince Goudéa, que Titien de sa République, de Charles Quint, de François Ier. Aussi brutalement que l'ère des machines rompt avec tout ce qui la précède, l'artiste du XIXe siècle se sépare d'une lignée de prédécesseurs vieille de quatre mille ans. Les artistes ne parlent plus ni à tous, ni à une classe, mais à une collectivité exclusivement définie par l'acceptation de leurs valeurs.

Alors vont coexister, non pas deux écoles, mais deux fonctions différentes de la peinture. Elles sont nées presque à la fois, et de la même cassure. Les historiens futurs, devant les œuvres d'art seules survivantes d'une Europe atomisée dont tout souvenir aurait disparu de leur mémoire, devraient supposer entre 1870 et 1914, à Paris, l'existence de deux civilisations antagonistes et sans interpénétration. D'un côté, l'univers pictural de Cormon, Bonnat, Bouguereau et Roll ; de l'autre, celui de Manet, Seurat, Van Gogh et Cézanne. Tous les peintres pour qui la peinture est une valeur suprême vomissent ce *Grand Médecin en train d'opérer*, ces *Marmitons gourmands* et ces *Chats dans un panier*, parce qu'ils y reconnaissent, non un domaine de la peinture, mais la négation de celle-ci : Rodin comme Cézanne, Gustave Moreau comme Degas. Ce conflit échappe aux « conditionnements » traditionnels : les indépendants ont souvent été les compagnons d'atelier de leurs adversaires. Si ces artistes (dont le sentiment le plus constant, à l'égard de la politique, est d'ailleurs le mépris) s'opposent aux valeurs bourgeoises, ce n'est pas au nom du prolétariat qui, aux vitrines des marchands, préfère Bonnat à Degas. Que le sociologue soit ici prudent : *l'art* qui succède à celui qu'achetaient les aristocrates n'est pas celui qu'achètent les bourgeois, c'est celui que n'achète personne.

Les artistes unissent en secte leurs solitudes. Si les arts, au XVIIe siècle, avaient convergé vers une esthétique commune, peintres, poètes et musiciens s'étaient peu rencontrés. Depuis la fin du XVIIIe siècle, les arts divergent, mais les artistes se connaissent. Et ils attaquent en commun des valeurs usurpées. Ce n'était pas à travers son art que Diderot était entré en contact avec les peintres, mais à travers la « philosophie ». La poésie du XVIIIe siècle ne coïncidait nullement avec la peinture de celui-ci ; quel problème spécifique posé par elle à Delille ou à Dorat, eût rencontré un problème analogue posé à Fragonard par la peinture ? Mais à partir du romantisme, peintres, poètes et musiciens tentent d'élaborer en commun l'univers surhumain qu'ils attendent de l'art. Si différentes que soient leurs recherches, elles sont scellées par un même refus. *« L'homme qui n'a pas été doté par une fée, dès son berceau, de l'esprit de mécontentement de tout ce qui existe, n'arrivera jamais à la découverte du nouveau »*, écrira Wagner. Chacun rapporte au clan fraternel et divisé ses conquêtes, qui le séparent toujours davantage de la société, mais l'ancrent toujours davantage dans la société fermée où l'art est la raison d'être de l'homme. Nos grands solitaires, de Baudelaire à Rimbaud, sont aussi des hommes de cafés littéraires ; le réfractaire Gauguin se rend aux Mardis de Mallarmé, — de Mallarmé familier de Manet comme Baudelaire l'avait été de Delacroix : et ce ne sont pas des théoriciens mais des poètes, Baudelaire et Mallarmé précisément, qui ont l'instinct le plus sûr de la peinture de leur temps. Le vocabulaire des artistes, non dans leurs théories mais dans leurs notes, leurs boutades et leurs lettres, devient souvent celui de l'expérience religieuse, revue par l'argot.

Les styles humanistes avaient été une parure de leur civilisation ; l'entrée en jeu des autres styles, en contribuant à faire de l'art un domaine spécifique, unit d'autant plus les artistes, qu'elle les sépare davantage de la culture traditionnelle. Racine, voire Sophocle, sont de peu de poids pour les peintres obsédés par Velazquez, bientôt par les primitifs. Dans leur société close qui n'avait pas eu de précédent, même à Florence, l'art devient un domaine dont la vie n'est plus que la matière première L'homme n'y vaut que par sa faculté de transmettre un monde créé par lui. Ainsi s'étend une secte passionnée, acharnée à transmettre ses valeurs bien plus qu'à les imposer ; conférant à ses saints comme à ses grotesques une sorte d'élection ; plus satisfaite qu'elle ne l'avoue — comme toutes les sectes — de sa clandestinité ; et capable de sacrifice pour son obscure et impérieuse vérité. Des sectes, on trouve ici jusqu'au renoncement...

Bien plus fermement que Delacroix, Manet et Cézanne affirment que le touriste n'est pas une forme particulière d'explorateur, et qu'on ne ressemble pas à ceux qu'on admire en imitant leurs œuvres. L'appel à la postérité se lie, chez les grands modernes, à une communion anxieuse avec ceux qu'ils tiennent pour leurs maîtres. Toute vraie peinture, à leurs yeux, porte en elle sa postérité ; car la vraie peinture est ce qui, de la peinture, semble n'avoir pas été subordonné aux spectacles. Sa part invincible. En même temps que l'histoire de la peinture et la découverte de sa pluralité, vient au premier plan une survie dont la beauté méditerranéenne ne paraît plus qu'une expression fugitive ; et, avec elle, l'ambition de retrouver et de continuer un langage obscurément éternel.

Pour ce langage, ils acceptent la misère comme allant de soi. De Baudelaire à Verlaine, de Daumier à Modigliani, que de sacrifices humains ! Rarement un si grand nombre de grands artistes offrirent un si grand nombre de sacrifices à un dieu inconnu. Inconnu, car ceux qui le servent, s'ils en éprouvent la grandeur, ne la reconnaissent que dans leur propre langage, la peinture. L'artiste le plus méprisant du bourgeois (c'est-à-dire de l'Infidèle) peignît-il le tableau le plus ambitieux, n'accepterait pas sans malaise le vocabulaire qui exprimerait son ambition. Aucun ne parle de vérité, alors que tous, devant les œuvres de leurs adversaires, parlent d'imposture. De quoi se réclamait « l'art pour l'art », quand Baudelaire en souriait ? Du pittoresque. Nul n'en sourit plus lorsqu'on commence de soupçonner qu'il ne s'agit ni de pittoresque, ni de beauté, mais d'une faculté qui transcende les siècles et ressuscite les œuvres mortes ; et que cette foi, comme les autres, tente d'étreindre son éternité. Le peintre maudit s'établit dans l'histoire ; fasciné désormais par son propre absolu, en face d'un humanisme de plus en plus vulnérable, l'artiste va trouver dans sa malédiction une fécondité sans exemple. Après avoir fait couler sur les cartes, comme d'hésitants filets de sang, tant d'itinéraires de misère, ces pauvres ateliers où Van Gogh rencontrait Gauguin, vont couvrir le monde d'une gloire égale à celle de Léonard. Cézanne pense que ses tableaux iront au Louvre, non que leurs reproductions atteindront toutes les villes d'Amérique ; Van Gogh soupçonne qu'il est un grand peintre, il ne soupçonne pas qu'il sera, cinquante ans après sa mort, plus célèbre au Japon que Raphaël. Tout ce siècle obsédé de cathédrales n'en laissera qu'une : le musée où l'on réunira ses peintures.

Cette peinture ressentie comme valeur suprême, ne se réclame ni de l'irréel, ni de la foi chrétienne, ni du sacré. Elle ne revendique pas pour autant l'imitation de la nature ; pourtant, en se légitimant par une théorie de la vision, l'impressionnisme a limité la découverte picturale à l'interprétation personnelle et, par là, conservé à la nature, le rôle de référence de l'art. « *Faire du Poussin d'après nature...* », dit Cézanne ; mais s'il rivalise avec Poussin, peu nous importe qu'il le fasse d'après nature. Nous ne l'admirons pas pour sa « petite sensation », mais pour la création d'un style sévère digne de celui des sculpteurs d'Égine, des peintres toscans de la première moitié du Quattrocento, Masaccio ou Piero della Francesca. Si les impressionnistes avaient pu tenir leur art pour l'expression d'une vision plus que pour un style, à la fin du siècle, avec Cézanne, Gauguin, Seurat (et dans un autre domaine, Van Gogh), la volonté de style reparaît.

Et le Musée Imaginaire poursuit sa métamorphose.

Avec la liberté de la couleur, les peintres avaient découvert les primitifs — que l'Italie admirait comme des précurseurs — depuis Botticelli jusqu'à Giotto. Byzance n'était pas encore en cause ; pourtant les artistes avaient découvert aussi, plus confusément, l'Égypte, la Mésopotamie et le Mexique. La sculpture de l'Orient ancien, la peinture du Quattrocento, ne répondaient pas à l'appel religieux ou sentimental auquel le gothique avait répondu au début du siècle : aucun *Génie du Christianisme* ne suscitait leur résurrection : elles répondaient à un appel artistique. On avait admis qu'un tableau était beau à quelque titre quand ce qu'il figurait, devenu réel, eût été beau ; la théorie, qui visait Raphaël et Poussin, touchait plus subtilement Rembrandt. Mais qu'eût voulu dire : un bas-relief assyrien, une statue aztèque, devenus vivants ? Ce que voudrait dire *Olympia* devenue vivante : rien. La peinture cessait de se projeter dans l'imaginaire. De grandes expressions de l'homme paraissaient, libres de l'imitation fidèle ; entre celle-ci et l'ornement ou l'hiéroglyphe, il existait donc quelque chose. Devant les *Parques* rapportées par Lord Elgin, devant toutes les statues grecques dont l'apparition détruisait le mythe hellénique d'alors comme elles détruisaient leurs copies romaines, on avait découvert que Phidias ne ressemblait pas à Canova (Canova l'avait découvert lui-même, au British Museum, avec une amère surprise) ; et les arts précolombiens commençaient à sourdre... *« Je veux parler*, écrit Baudelaire en 1860, *d'une barbarie inévitable, synthétique, enfantine, qui reste souvent visible dans un art parfait (mexicaine, égyptienne ou ninivite) et qui dérive du besoin de voir les choses grandement, de les considérer surtout dans l'effet de leur ensemble. »* Ces styles qui paralysaient leurs figures selon une transfiguration solennelle, insinuaient ou proclamaient qu'un système de formes organisées qui se refusent à l'imitation, peut exister en face des choses comme une autre Création.

Sans doute le baroque avait-il, lui aussi, déformé les figures ; encore le baroque flamboyant (à l'exception du Greco, tenu alors, par ceux qui le connaissaient, pour gothique attardé plus que pour baroque) appartenait-il au monde des gestes et du sentiment. Mais l'Orient ancien n'était pas moins étranger à ce théâtre que l'art le plus moderne. Bien que l'on n'ignorât pas ce que l'austérité du Nil et de l'Euphrate doit à l'architecture, le musée ne recueillait que des œuvres séparées des monuments auxquels elles avaient appartenu ; et l'artiste ne déprécie guère, au nom de leur origine, les formes fécondes. Libres de leur architecture et séparées de leurs dieux, ces formes suggéraient que l'œuvre d'art peut tirer son génie, non seulement d'un accord harmonieux entre ses parties, mais aussi d'un accord spécifique ; — et qu'enfin l'art pouvait soumettre les formes de la vie à l'artiste, au lieu de soumettre l'artiste aux formes de la vie.

Suggestion encore confuse, et épisodique. Mais contemporaine de celle des estampes japonaises. Nous connaissons tous celle-ci, mais nous nous méprenons sur son rôle, parce que nous le confondons avec celui d'un exotisme et d'une écriture. Quand Van Gogh proclame ce que tous les peintres indépendants, et d'abord lui-même, doivent aux gravures du Yamato, ce n'est ni par goût des mousmés ni par admiration des arabesques. En un temps où tout art à deux dimensions est tenu pour maladroit (même Baudelaire parle de naïveté), ces estampes révèlent qu'un tel art est compatible avec un dessin suprêmement habile. Comme l'esquisse, mais avec plus de force, parce qu'elles sont l'expression d'un art délibéré — et la surprise aidant — elles n'apportent nullement des modèles aux peintres, elles leur révèlent leur liberté.

Que leur révèle aussi Byzance, enfin redécouverte à

Venise et à Ravenne, et qui n'avait inspiré que dédain à Taine, dans sa *Philosophie de l'Art*. Ces découvertes successives, celle de la sculpture médiévale qui va les suivre (et non les précéder) font découvrir dans l'art une liberté qui ne se limite point à l'interprétation individuelle. Le peintre byzantin ne voit pas en style byzantin, il invente le style byzantin, ou traduit en ce style. Pour lui, être un artiste est précisément être capable d'une telle création ou d'une telle traduction. Il fait accéder ce qu'il représente à un univers sacré : ses moyens, ceux du cérémonial, ceux du rituel, convergent. Et les caractères qui distinguaient Rembrandt, Velazquez et Poussin, un visage réaliste et un visage idéalisé, deviennent épisodiques en comparaison de ceux qui les séparent tous d'une statue sumérienne ou d'un bas-relief assyrien, de Giotto peut-être, de Byzance sûrement. Devant les styles tendus et massifs de l'Ancien Orient, devant l'abstraction pathétique de Byzance, toutes les écoles européennes du Louvre — où la *Pietà d'Avignon* n'est pas encore entrée... — se rassemblent en un seul style.

Si la plus haute tradition du musée demeure un moment princier de l'histoire de l'art, du moins n'est-elle plus l'histoire de l'art. Isolée des territoires qui commencent à s'étendre autour d'elle jusqu'à l'inexploré, elle forme bloc. Le domaine propre de la peinture à l'huile devient ce qui, par-delà les théories et même les rêves des plus grands, avait rassemblé les tableaux dans les musées : non, comme on l'avait cru, une technique, une suite de moyens de représentation, mais un langage indépendant des choses représentées, aussi particulier que celui de la musique. Ce langage, certes, aucun des grands peintres du musée ne l'avait ignoré ; mais tous l'avaient *subordonné*. Ce que l'art cherchait, ce qu'avaient trouvé le génie timide de Daumier et le génie parfois agressif de Manet, ce n'était pas une modification de la tradition

---

41. Rubens, *Le Sacrifice d'Abraham*. Paris, musée du Louvre.

semblable à celle qu'avaient apportée les maîtres précédents, mais une rupture aussi profonde que celle qu'apportaient les styles ressuscités. Un autre style, et non une autre école.

C'est alors que le talent des peintres cesse d'être un moyen d'expression de la fiction.

Leur talent. Quant à la peinture, bien après la fin du siècle, grands sujets et anecdotes encombreront les salons officiels ; et la peinture continuera d'imaginer, mais ce sera celle des peintres qui ne compteront plus. La même aventure transforme alors la poésie, et de la même façon : avec Baudelaire elle cesse de raconter, mais la poésie officielle se vautrera des années encore dans les drames et le récit. L'admiration que Zola et Mallarmé vouent ensemble à Manet est moins insolite qu'il ne paraît : naturalisme, symbolisme, peinture moderne, selon des passions différentes et parfois opposées, s'acharnent à l'agonie du vaste domaine de fiction dont la dernière expression était le romanesque historique.

Mais la représentation de la fiction — notamment celle du romanesque historique — après cinquante ans de confortable et dérisoire agonie, trouvera sa résurrection luxuriante et son véritable domaine : le cinéma.

Lorsque la peinture avait cessé de découvrir de nouveaux moyens de représentation, elle s'était engagée, à la suite de Rubens, dans une quête délirante du mouvement, comme si le mouvement seul eût désormais porté en lui la force persuasive qu'avaient apportée naguère les moyens de représentation conquis. Mais ce n'était pas une découverte de représentation, qui devait permettre la possession du mouvement. Ce qu'appellent les gestes de noyés du monde baroque n'est pas une modification de l'image, c'est une succession d'images ; il n'est pas singulier que cet art tout de gestes et de sentiments, obsédé de théâtre, finisse dans le cinéma...

La « concurrence à l'état civil » s'était exercée par la photo. Mais pour représenter la vie, la photo, passée en trente ans d'une immobilité byzantine à un baroque frénétique, n'avait fait que retrouver l'un après l'autre les problèmes de la représentation. Elle s'arrêtait où celle-ci s'était arrêtée. Et d'autant plus paralysée qu'elle ne disposait pas de la fiction : si elle fixait le saut d'une danseuse, elle ne faisait pas entrer les Croisés à Jérusalem. Or, depuis le visage des saints jusqu'aux reconstitutions historiques, la volonté de représentation des hommes s'est appliquée autant à ce qu'ils n'ont jamais vu qu'à ce qu'ils connaissent.

L'effort poursuivi pendant quatre siècles pour capter le mouvement s'arrêtait donc au même point en photo qu'en peinture ; et le cinéma, bien qu'il permît de photographier le mouvement, ne faisait que substituer une gesticulation mobile à une gesticulation immobile. Pour que fût pour-

42

43

suivi le grand effort de représentation enlisé dans le baroque, il fallait arriver à l'indépendance de la caméra par rapport à la scène représentée. Le problème ne fut pas résolu techniquement, par une transformation de l'appareil, mais artistiquement, par l'invention du découpage.

Lorsque le cinéma n'était que le moyen de reproduction de personnages en mouvement, il n'était pas plus un art que la phonographie ou la photographie de reproduction. Sur une scène de théâtre véritable ou supposée, des acteurs représentaient une farce ou un drame que l'appareil immobile se bornait à enregistrer. La naissance du cinéma en tant que moyen d'expression date de sa libération de cet espace circonscrit ; de l'époque où le découpeur envisagea, au lieu de photographier une pièce de théâtre, d'enregistrer une succession d'instants ; d'approcher son appareil (donc de faire grandir les personnages sur l'écran), de le reculer ; surtout de substituer à la servitude du théâtre le « champ » : l'espace qui apparaît sur l'écran — le champ où l'acteur entre, d'où il sort, et que le metteur en scène choisit, au lieu d'en être prisonnier.

42. *La Castiglione* (photo ancienne).
43. Danseuse (photo récente).

Le moyen de reproduction du cinéma est la photo qui bouge, mais son moyen d'expression, c'est la succession des plans*.

La légende veut que Griffith, ému à l'extrême par l'expression d'une actrice qu'il dirigeait, ait fait tourner à nouveau, de plus en plus près, le fragment de scène qui venait de le bouleverser, et que, parvenant à intercaler en son lieu le seul visage de la femme, il ait inventé le gros plan. L'anecdote montre en quel sens s'exerçait le talent d'un des grands metteurs en scène du cinéma primitif ; comment il cherchait moins à agir sur l'acteur (en modifiant son jeu par exemple) qu'à modifier la relation de celui-ci avec le spectateur (en augmentant la dimension de son visage). Les photographes les plus médiocres, abandonnant l'habitude de photographier leurs modèles « en pied », avaient pris celle de les photographier à mi-corps, ou d'en isoler le visage, depuis des dizaines d'années, lorsque le cinéaste qui osa couper un personnage à mi-corps, transforma le cinéma. Car lorsque l'appareil et le champ étaient fixes, tourner deux personnages à mi-corps eût contraint à tourner ainsi tout le film.

C'est donc de la division en plans, c'est-à-dire de l'indépendance du cinéaste à l'égard de la scène de théâtre, que le cinéma naquit en tant qu'art. Il put chercher ensuite la succession d'images significatives, suppléer par leur choix à son mutisme. Cesser d'être la photographie du théâtre pour devenir l'expression privilégiée de la fiction.

---

* Les « plans » changent quand l'appareil de prise de vues change de place, toutes les dix secondes environ (1946). C'est leur succession qui constitue le découpage.

Lorsqu'il le devint, fiction et talent pictural s'étaient séparés depuis plus d'un demi-siècle. Il rendit impossible tout retour en arrière. La suggestion du mouvement, telle qu'elle naît des captures d'images de l'Extrême-Orient, de Degas, ou de l'instantané photographique ; à l'opposé, sa symbolisation telle que nous la trouvons chez Uccello, dans les bas-reliefs de l'Orient ancien ou dans les abstractions scythes, prirent dans les arts plastiques la place des représentations du mouvement. La rivalité entre la création artistique, et la fiction dont l'art officiel vivait encore, perdit tout sens. Les valeurs de représentation, jadis maîtresses de la fiction peinte, s'engouffrèrent dans le monde apparemment commun à tous, retrouvé par le cinéma : volonté de séduire et d'émouvoir, style et poésie de théâtre, beauté des personnages, expression des visages. Au fond des siècles, un masque qui psalmodie danse solennellement dans la lumière ; devant nous, le visage bouleversé des gros plans chuchote dans l'ombre qu'il emplit.

Mais que l'illusion cessât d'être le moyen privilégié de l'expression, et la sculpture des arts sacrés, la peinture à deux dimensions, prenaient leur signification. Sans que l'on s'en doutât encore, c'était l'affleurement de toutes les peintures du monde. Égypte, Mésopotamie, Grèce, Rome, Mexique, Perse, Inde, Chine, Japon, la peinture à deux dimensions est celle de la terre entière, à l'exception de quelques siècles d'Occident... Répondant à la création, et la suscitant à son tour, la reproduction va pour la première fois dispenser au monde les formes que les artistes de chaque nation ont ressuscitées, admirées, pressenties ou ignorées.

III

La photo, d'abord modeste moyen de diffusion destiné à faire connaître les chefs-d'œuvre incontestés à ceux qui ne pouvaient en acheter la gravure, semblait devoir confirmer les valeurs acquises. Mais on reproduit un nombre toujours plus grand d'œuvres à un nombre toujours plus grand d'exemplaires, et la nature des procédés de reproduction agit sur le choix des œuvres reproduites. La diffusion de celles-ci est nourrie par une prospection de plus en plus subtile et de plus en plus étendue. Elle substitue souvent l'œuvre significative au chef-d'œuvre traditionnel, le plaisir de connaître à celui d'admirer ; on gravait Michel-Ange, on photographie les petits maîtres, la peinture naïve et les arts inconnus. On photographie tout ce qui peut s'ordonner selon un style...

Car dans le même temps que la photographie apportait sa profusion de chefs-d'œuvre aux artistes, l'attitude de ceux-ci changeait à l'égard de la notion même de chef-d'œuvre.

Du XVIe au XIXe siècle, le chef-d'œuvre existait en soi. Une esthétique toute-puissante avait établi une beauté fondée sur ce qu'on croyait l'héritage grec ; l'œuvre d'art tentait de s'approcher d'une représentation idéale : un chef-d'œuvre de la peinture, au temps de Raphaël, c'était un tableau que l'imagination ne pouvait pas perfectionner. À peine le comparait-on aux autres ouvrages de son auteur. Il ne se situait pas dans le temps, mais dans une rivalité, à quoi toute autre était subordonnée, avec l'œuvre idéale qu'il suggérait. Rubens, qui devint le symbole d'un pouvoir de la couleur découvert *à Venise*, n'émancipa de l'idéalisation italienne la peinture officielle, que pour la soumettre à une luxueuse transfiguration volontiers acceptée par les Italiens : l'héroïne de son plus vaste ensemble de peinture est une Médicis...

Cette esthétique, du XVIe siècle romain au XIXe siècle européen, alla s'affaiblissant ; cependant, jusqu'au romantisme, on admit que l'œuvre magistrale portait en elle seule son génie. Libre de toute histoire et de toute origine, elle se reconnaissait à sa réussite. Cette conception arcadienne qui rejetait, avec une fermeté ignorante et distraite, l'acharnement de chaque siècle à trouver son propre génie, fut mise en question lorsque la sensibilité devint vulnérable simultanément à des conceptions différentes de l'art, dont elle ressentit la parenté secrète sans trouver la conciliation.

Sans doute les boutiques de marchands de tableaux, que nous montrent tant de toiles jusqu'à *l'Enseigne de Gersaint*, avaient-elles permis aux artistes d'assister à la rencontre d'arts différents, avant que fussent exposés, en 1750, les tableaux secondaires des collections royales. Mais presque toujours d'œuvres mineures, et sous la domination d'une esthétique encore incontestée. Louis XIV, en 1710, possédait 1 299 tableaux français et italiens, et 171 « des autres écoles ». À l'exception de Rembrandt, qui troublait Diderot pour de curieuses raisons : « *Si je voyais un personnage de Rembrandt dans la rue, j'aurais envie de le suivre avec admiration, un personnage de Raphaël, ne faudrait-il pas qu'on me touchât l'épaule pour me le signaler ?* », à l'exception, surtout, d'un Rubens fort italianisé, le XVIIIe siècle ne vit hors d'Italie que peintures secondaires. Qui donc, en

1750, eût opposé Van Eyck au Guide ? La peinture italienne, la sculpture antique étaient les sommets d'une civilisation qui ordonnait encore l'imagination. Dans les galeries princières, l'Italie était reine. Ni Watteau, ni Fragonard, ni Chardin ne souhaitaient peindre comme Raphaël ; mais nul ne les proclamait ses égaux. Il y avait un « passé d'or » de l'art.

Quand, au Louvre de la Révolution, puis de Napoléon, les écoles s'affrontèrent enfin à coups de chefs-d'œuvre, l'esthétique traditionnelle restait puissante. Ce qui n'était pas italien demeurait d'instinct jugé en fonction de l'italianisme. C'était en parlant italien qu'on était admis à l'Académie de l'éternité, même si on le parlait avec l'accent de Rubens. Pour la critique d'alors, un chef-d'œuvre était une toile qui « tenait » devant une Assemblée des chefs-d'œuvre semblable à un Salon Carré ; Velazquez, Rubens (Rembrandt restait en marge, grandiose et inquiétant) n'y étaient acceptés que par une « conciliation » avec l'italianisme vénitien, conciliation dont le visage apparut sans équivoque avant la mort de Delacroix : l'académisme. Ainsi la rivalité des œuvres entre elles avait-elle remplacé leur rivalité avec une perfection mythique. Mais dans ce Dialogue des Grands Morts que toute nouvelle œuvre magistrale était censée ouvrir avec la part privilégiée du musée établie dans la mémoire, cette part, même au déclin de l'italianisme, était faite de ce que les œuvres avaient de commun. Domaine de la peinture à l'huile des XVIe et XVIIe siècles ; dialogue où les esquisses de Delacroix n'avaient pas place sans peine, où Manet n'aura pas place du tout.

La reproduction va contribuer à modifier ce dialogue, et suggérer, puis imposer, une autre hiérarchie.

Qu'on ait ou non admiré Rubens parce qu'on voyait en telles de ses toiles les moins flamandes l'égal de Titien, devient secondaire devant l'album qui réunit tout l'œuvre de Rubens. Cet album est un monde fermé. L'*Arrivée de Marie de Médicis* s'y compare aux autres peintures de Rubens plus qu'à Titien ou à Raphaël ; et s'y compare à son esquisse. Le *Portrait d'enfant* de la Galerie Liechtenstein, l'*Atalante*, le *Philopœmen*, le *Paysage à la charrette*, y prennent un autre accent. On découvre qu'il fut un des plus grands paysagistes du monde. La véritable anthologie commence. L'œuvre magistrale n'est plus l'œuvre parfaitement accordée à une tradition — si large que soit celle-ci —, l'œuvre la plus complète ni la plus « parfaite » ; mais le point extrême du style, de la spécificité ou du dépouillement de l'artiste

44. Rubens, *Paysage à la charrette*, après 1630. Rotterdam, musée Boymans-Van Beuningen.

par rapport à lui-même : l'œuvre la plus significative de l'inventeur d'un style. Par ailleurs, l'exposition privée, inconnue autrefois, isole le peintre : les grands romantiques exposaient aux Salons, où nos grands contemporains n'envoient plus leurs toiles que par bienveillance. Et de même qu'au chef-d'œuvre vainqueur de l'imagination, puis au chef-d'œuvre accepté dans une Assemblée des Élus, s'est ajoutée et parfois substituée la création la plus accomplie de tout grand artiste, de même s'y ajoute l'œuvre la plus accomplie ou la plus significative de tout style. Un album d'art océanien, en nous familiarisant avec deux cents sculptures, nous révèle la qualité de certaines d'entre elles ; tout rapprochement d'un grand nombre d'œuvres de même style crée les chefs-d'œuvre de ce style, parce qu'il nous contraint à en comprendre l'intention essentielle et le sens particulier. L'album, comme l'exposition, écarte la comparaison du masque océanien ou africain avec un « modèle », avec les têtes des statues classiques, et même, à la fin, avec celles des statues romanes ; le masque s'y compare d'abord à ses frères — à quelque civilisation qu'ils appartiennent, mais d'abord à la sienne.

La mise en question de la nature de l'art au XIXe siècle, la fin de toute esthétique impérative, détruisaient le préjugé de la maladresse. Le dédain du XVIIe siècle pour l'art gothique n'avait pas tenu à un conflit lucide de valeurs, mais à ce que la statue gothique était regardée alors, non comme ce qu'elle est, mais comme un échec à être *autre chose* : on préjugeait que le sculpteur gothique avait désiré sculpter une statue classique ; et que s'il n'y était pas parvenu, c'était qu'il n'avait pas su. L'idée singulière qu'au Moyen Age, les antiques étaient devenus inimitables ou avaient disparu (alors qu'on avait copié l'antique au XIe siècle dans le Midi de la France, et qu'il avait suffi de la volonté de Frédéric II de Hohenstaufen pour que l'art romain reparût ; alors que des artistes italiens avaient passé chaque jour devant la colonne Trajane) fut communément acceptée parce que l'idéalisation avait exigé, dans l'art de la représentation, une suite de découvertes, dont nul ne supposait que leur recherche eût été indifférente aux artistes gothiques. L'« Enlevez-moi ces magots ! » de Louis XIV s'applique aussi à Notre-Dame. La même attitude fait, au début du XIXe siècle, couper en deux *l'Enseigne de Gersaint*, et permet aux Goncourt de trouver leurs Fragonard chez les brocanteurs. Un style mort, c'est un style qu'on définit seulement par ce qu'il n'est pas.

Or les ouvrages épars d'un style mal connu, si celui-ci ne surgit pas comme un précurseur soudain découvert (comme l'art nègre surgit de Picasso) sont presque toujours ressentis « négativement ». Pour combien de siècles cet art nègre ne fut-il pas l'art des sculpteurs qui ne savaient pas sculpter ? Et — de même que les fétiches et les masques — les archaïques grecs, les sculptures du Nil et de l'Euphrate, entrèrent dans notre culture, *dispersés*. Œuvres isolées, groupes d'œuvres, statues d'une cathédrale même, durent *s'insinuer* dans la sensibilité artistique qui les découvrait, dans un corps d'œuvres magistrales plus cohérent, plus rebelle et plus étendu que celui des chefs-d'œuvre littéraires : Théophile Gautier dédaigne Racine au nom de Victor Hugo, et peut-être Poussin au nom de Delacroix, — mais pas Michel-Ange, ni même Raphaël. Le chef-d'œuvre égyptien fut d'abord admiré dans la mesure où il s'accordait, quelque subtilement que ce fût, à la tradition méditerranéenne ; il l'est par nous, dans la mesure où il s'en écarte.

Les œuvres traditionnelles étaient rapprochées, classées, reproduites, mais les autres se perdaient dans une confusion dont émergeaient quelques accidents heureux et quelques exemples de décadence. D'où l'aptitude de l'amateur à reconnaître cette décadence pour telle, à la définir d'abord par ce dont elle était privée. Un album d'art baroque est une résurrection parce qu'il arrache l'œuvre baroque à sa relation avec le classique, fait d'elle autre chose qu'un classique voluptueux, pathétique ou désordonné.

Enfin, de même qu'une suite de degrés semblait avoir mené le gothique au classique, c'était une autre série de degrés, en sens inverse, qui avait conduit à la redécouverte du gothique : le romantisme avait redécouvert le pittoresque onirique de Notre-Dame de Paris, non l'austère spiritualité romane. Toute résurrection, en art, commençait par les pieds. La reproduction, par la masse d'œuvres qu'elle présente à la fois, nous délivre de cette prudente reconquête ; apportant un style en bloc comme elle apporte un artiste, elle le contraint, comme celui-ci, à se fonder en signification.

Et la reproduction n'étant pas la cause de notre intellectualisation de l'art, mais son plus puissant moyen, ses astuces, et quelques hasards, servent encore celle-ci.

Le cadrage d'une sculpture, l'angle sous lequel elle est prise, *un éclairage étudié* surtout — celui des œuvres illustres commence à rivaliser avec celui des stars — donne souvent un accent impérieux à ce qui n'était jusque-là que suggéré.

45. *La Dame d'Elche* (photo ancienne), IVe-IIIe siècle av. J.-C. Madrid, musée du Prado.
46. *La Dame d'Elche* (détail) [photo récente].

En outre, la photographie en noir « rapproche » les objets qu'elle représente, pour peu qu'ils soient apparentés. Une tapisserie, une enluminure, un tableau, une sculpture et un vitrail médiévaux, objets fort différents, reproduits sur une même page, perdent leur couleur, leur matière (la sculpture, quelque chose de son volume), leurs dimensions, au bénéfice de leur style commun.

Le développement de la reproduction agit aussi plus subtilement. Dans un album, un livre d'art, les objets sont en majorité reproduits au même format ; à la rigueur, un bouddha rupestre de vingt mètres s'y trouve quatre fois plus grand qu'une Tanagra... Les œuvres *perdent leur échelle*.

Il est sans importance qu'une grande statue devienne petite : elle se transforme ainsi en document banal, et nous ne nous y méprenons guère. Mais l'agrandissement des sceaux, des monnaies, des amulettes, des figurines, crée de véritables *arts fictifs*. L'inachevé de l'exécution, dû aux petites dimensions de ces objets, y devient un style large, moderne d'accent. Le dialogue de nos sculpteurs avec les arts de la Mésopotamie suscite les œuvres étranges suggérées par les photographies des cylindres, des *Fécondités* sumériennes. Sans doute ces

47. Art mésopotamien (?), *Déesse de la Fécondité*, IIIe millénaire. Paris, collection particulière.
48. *Déesse de la Fécondité* (détail).

49

50

photos n'apportent-elles qu'une gloire de chapelle aux œuvres qu'elles représentent, mais le modèle devient le moyen de l'image beaucoup plus que l'image n'est la reproduction du modèle. L'historien (irrité) ne peut négliger tout à fait des systèmes de formes qui font partie de l'histoire, et, à l'occasion, l'éclairent ; l'artiste (comblé) écoute le dialogue de telle *Fécondité* avec telle sculpture de Picasso, de telle incision étrusque avec telle gravure de Braque.

La conséquence de cette « création par la photographie » est tantôt épisodique, tantôt considérable.

Épisodiquement, elle révèle des œuvres singulières en marge de leur civilisation. Perdues dans les musées, dans les collections, elles faisaient figure de curiosités. Isolées, étudiées, elles deviennent interrogations, et, lorsqu'elles ne s'insèrent pas dans l'histoire, suggèrent de grands styles disparus ou « possibles ». *La Musicienne* nous troublerait moins, si nous ne la trouvions pas au musée du Caire...

49. Femme stéatopyge, époque préhistorique. Le Caire, musée.
50. *La Musicienne*, Nouvel Empire, XIXe-XXe dynastie. Le Caire, musée.

51. *La Musicienne*.

Mais le rôle de la reproduction devient d'une bien autre importance lorsqu'elle s'applique aux arts mineurs. Certains d'entre eux : terres cuites prébouddhiques du Japon, bronzes sardes, n'ont pas d'arts majeurs. La plupart des autres établissent avec leurs arts majeurs une relation incertaine : les ivoires de Mycènes et ceux de la basse antiquité, certains bronzes étrusques, les monnaies gauloises, les bijoux des Andes, les poids d'or africains, complètent leurs arts majeurs plus qu'ils ne les imitent. On imagine mal une étude de l'art gaulois qui écarterait les monnaies ; et pour nos artistes, cet art est d'abord celui de ces monnaies.

52. Monnaie gauloise des Osismi. Paris, Bibliothèque nationale, Cabinet des Médailles.

53. Art japonais, *Haniwa représentant un singe*, V^e-VIe siècle. Tôkyô, collection particulière.

54. Art byzantin, *Satyre et ménade dansant*, V^e-VIe siècle. Paris, Bibliothèque nationale, Cabinet des Médailles.

55. Art mycénien, *Déesse trônant*, XIVᵉ-XIIIᵉ siècle av. J.-C. Athènes, Musée national.

56. Art étrusque, *Aphrodite* (?). Paris, musée du Louvre.
57. Art colombien, figurine votive. Bogotá, musée de l'Or.
58. Art sarde, *Guerrier*, VIIe siècle av. J.-C. (?). Cagliari, Musée archéologique.

59. Art étrusque, miroir gravé, IIIe-IIe siècle av. J.-C. Paris, musée du Louvre.

60

Enfin, l'agrandissement fait de certains arts mineurs, depuis longtemps étudiés comme tels, des rivaux de leurs arts majeurs. Aucune terre cuite grecque ne nous émeut au même degré que la Koré boudeuse, mais les photos de maintes terres cuites tardives, qui maintiennent le style sévère, nous émeuvent plus que presque toutes les statues qui leur sont contemporaines. Sans doute la matière joue-t-elle son rôle dans le style des petits objets, ou plutôt dans leur écriture ; mais peut-être, plus que la matière, la fonction. Les figurines grecques, comme les chinoises, viennent des tombeaux. Leur art funéraire n'est nullement funèbre ; c'est à lui que nous devons la représentation de la vie familière, plus populaire en Grèce, plus courtoise en Chine. Et le modeleur, comme le dessinateur de vases, prend avec ses personnages, une liberté que ne lui accordent pas les figures divines.

60. Art égyptien, *Servante broyant du grain*, Ancien Empire, V^e dynastie. Le Caire, musée.

61. Art grec, Agestratos, *Aphrodite*, début du IIe siècle av. J.-C. Paris, musée du Louvre.

62. Art grec, *Homme assis écrivant*, dernier quart du VIe siècle av. J.-C. Paris, musée du Louvre.
63. Art grec, lécythe (détail), env. 400 av. J.-C. Athènes, Musée national.

63

64. Châsse de saint Maurice d'Agaune (détail), XIIIe siècle.

65

66

Cette liberté s'exerce à travers des techniques fort différentes. Les ivoires de l'Ancien Orient, les jades, les objets d'or et de bronze, ont pris au Musée Imaginaire une place qui n'est pas celle des Trésors de naguère. L'œuvre phénicienne la plus connue est un ivoire, l'une des plus belles œuvres crétoises est un objet d'or : le *Vase de Vaphio*. Les photos d'ivoires, d'orfèvreries, sont indispensables à toute étude de l'expression artistique chrétienne. Nous ne connaissons aucun bas-relief byzantin semblable à l'*Empereur triomphant* de Trèves, aucune sculpture majeure de pierre semblable à celles des portes de bronze depuis Vérone jusqu'à Novgorod. Et les agrandissements nous révèlent, non seulement dans les ivoires, mais encore dans toute l'orfèvrerie chrétienne, même gothique, un accent dramatique assez différent de celui de la sculpture monumentale et de la sculpture de bois.

65. Pala, *La Vierge en majesté*, XIIe-XIIIe siècle. Torcello, musée provincial.
66. Pala, *Un évangéliste* (?), XIIe-XIIIe siècle. Caorle (Vénétie), cathédrale.

111

67. *Annonciation de l'ange à Joseph*, XIIe siècle. Rouen, musée des Antiquités.

68. Art byzantin, *Ivoire Barberini*, env. 500. Paris, musée du Louvre.

69. Art assyrien, *Assurnazirpal chassant le lion* (détail), IXe siècle av. J.-C. Londres, British Museum.

70

La vie particulière qu'apporte à l'œuvre son agrandissement prend toute sa force dans le dialogue que permet, qu'appelle, le rapprochement des photographies. L'Art des Steppes était affaire de spécialistes ; mais ses plaques de bronze ou d'or présentées en face d'un bas-relief, au même format, deviennent elles-mêmes bas-reliefs comme le deviennent les sceaux de l'Orient ancien, depuis la Crète jusqu'à l'Indus. Et la reproduction délivre leur style des servitudes qui le faisaient mineur.

Elle en délivre plus encore des œuvres moins marginales, dont l'ampleur de leur style fait les égales des œuvres illustres. Le Musée Imaginaire nous montre, dans les métopes de Sélinonte, les rivales des frontons du Parthénon. Et soyons assurés que la sculpture romane nous semblerait moins riche et moins complexe, s'il ne donnait aux chapitaux romans l'ampleur des linteaux et l'accent des tympans — de même qu'il donne à tant d'ivoires l'ampleur des bas-reliefs.

---

70. Art iranien, cylindre (empreinte), début du IIIe millénaire. Paris, musée du Louvre.

71. Art roman, Vézelay, *Le Christ de la Pentecôte* (détail), 1125-1130.

72. Art byzantin, *Le Christ couronnant l'empereur Romain II et l'impératrice Eudoxie* (détail), env. 950. Paris, Bibliothèque nationale, Cabinet des Médailles.

73

   Le fragment est un maître de l'école des arts fictifs. *La Victoire de Samothrace* ne suggère-t-elle pas un style grec en marge du vrai ? La statuaire khmère a multiplié les têtes admirables sur des corps de convention ; les têtes khmères isolées sont la gloire du musée Guimet. Le *Saint Jean-Baptiste* du porche de Reims est loin d'atteindre au génie de son visage isolé. Le fragment, mis en valeur par sa présentation et par un éclairage choisi, permet une reproduction qui n'est pas un des plus humbles habitants du Musée Imaginaire ; nous lui devons les albums de paysages primitifs, faits de détails de miniatures et de tableaux ; les peintures de vases grecs présentées comme des fresques ; l'usage, aujourd'hui général dans les monographies, du détail expressif. Nous lui devons un gothique séparé de la profusion des cathédrales, un art indien délivré de la luxuriance de ses temples mais non de leur atmosphère. L'album isole, tantôt pour métamorphoser par l'agrandissement, tantôt pour découvrir ou comparer, tantôt pour démontrer. Et par le fragment, le photographe réintroduit d'instinct telles œuvres dans notre univers privilégié, comme les œuvres du musée de jadis s'y trouvaient introduites par leur part d'italianisme.

73. Art gothique, Reims, *Saint Jean-Baptiste*, env. 1230.
74. *Saint Jean-Baptiste* (détail).

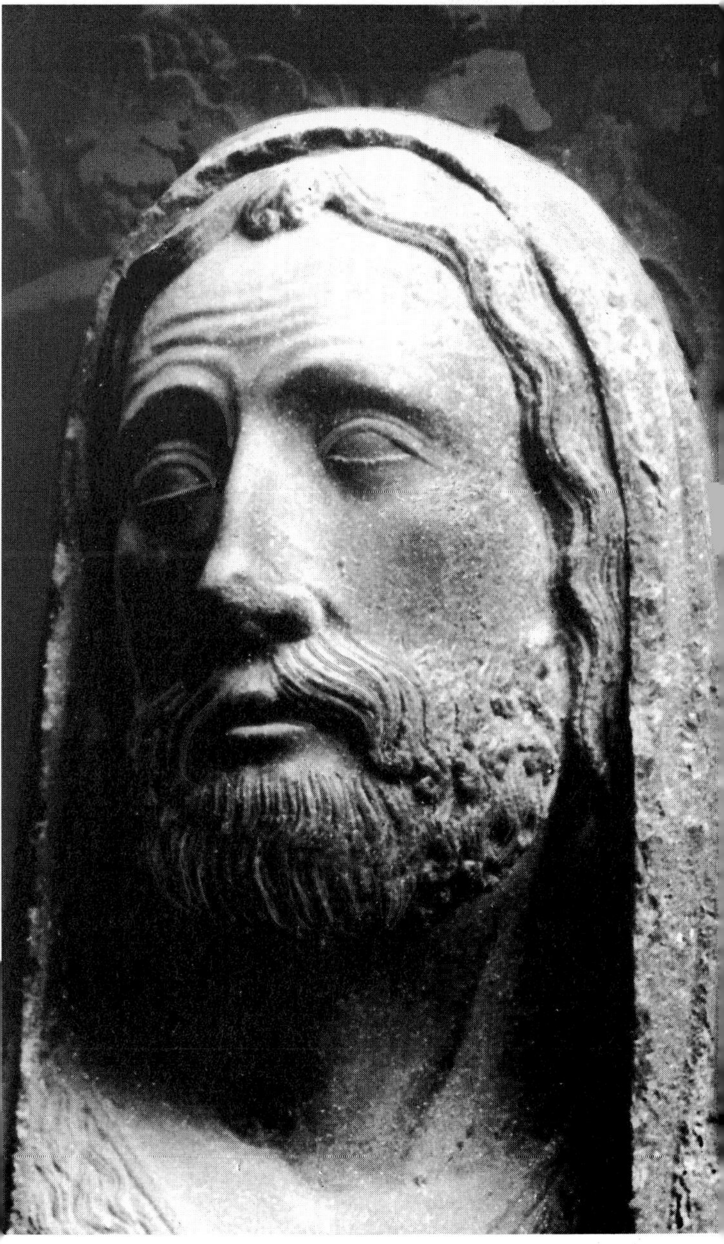

75

Car telles monnaies, tels objets, et même quelques œuvres, deviennent, plus qu'ils ne restent eux-mêmes, ceux « qui permettent » telles photos admirables. De même que l'action exercée sur nous par maintes figures antiques naît de la présence de la mutilation dans une éclatante volonté d'harmonie, les sculptures photographiées tirent de leur éclairage, de leur cadrage, de l'isolement de leurs détails, un modernisme usurpé mais virulent. L'esthétique classique allait du fragment à l'ensemble ; la nôtre, qui va souvent de l'ensemble au fragment, trouve dans la reproduction un incomparable auxiliaire.

De mieux en mieux armé. Avant 1950, l'édition pouvait reproduire les photos des œuvres d'art, non les repro-

75. Art gothique, Bamberg, *Ève* (détail), milieu du XIIIe siècle.

ductions de ces photos : un éditeur américain, pour reproduire le Grand Bouddha de Long Men, abondamment publié dans les ouvrages français et japonais, devait en posséder la photo originale. La découverte du détramage, qui permet de reproduire en noir *toutes* les reproductions, substitue la bibliothèque universelle aux photothèques particulières.

Ainsi s'élabore un monde de sculpture bien différent de celui du musée. Plus complexe, parce qu'il s'étend des curiosités aux chefs-d'œuvre, et des figurines aux colosses ; plus étendu, parce qu'il couvre la terre ; d'une autre nature, parce qu'il échappe au cimetière des salles de musée où sont rassemblées les statues. Le Musée Imaginaire ne rend pas à celles-ci le temple, le palais,

76. Art gothique, Bamberg, *Adam* (détail), milieu du XIIIe siècle.

l'église, le jardin qu'elles ont perdu ; mais il les délivre de la nécropole. Parce qu'il les isole ; surtout, il faut y revenir, par la façon dont il les éclaire. Aucune photo de *la Victoire de Samothrace* ne nous émeut autant que cette statue (d'ailleurs isolée) dressée sur sa proue au sommet de l'escalier du Louvre ; mais combien de sculptures nous touchent moins que leurs photos, combien ont été révélées par celles-ci ? À tel point que le musée commence à ressembler au Musée Imaginaire : les statues y sont de moins en moins groupées, de mieux en mieux éclairées, et la *Pietà Rondanini* de Michel-Ange, au château Sforza (isolée, elle aussi) semble — admirablement — attendre ses photographes. Elle appartient à la fois au monde réel des statues, et à un monde irréel qui le prolonge, de même que le visage d'une très belle star appartient à la fois au monde réel de la beauté féminine et à un monde irréel qui n'existe que par la photographie. Sans doute les photos en couleurs de la sculpture ne supplanteront-elles ses photos en noir que lorsqu'elles auront trouvé cet irréel ; peut-être le monde du premier Musée Imaginaire rejoindra-t-il alors celui du cinéma muet (le cinéma en couleurs n'a pas détruit le cinéma en noir). Même alors, l'isolement des statues, le dialogue que leur impose l'éclairage, la présence de la sculpture mondiale, maintiendront un monde de l'art sans précédent, dont chaque année nous révèle davantage, qu'il n'est pas seulement un monde de reproductions.

La photographie des tableaux a joué un rôle moins complexe. Comme jadis la gravure, elle étendait notre connaissance plus qu'elle ne touchait notre admiration, notre connaissance, ou notre curiosité, car nombre de ces photos ont joué le rôle d'ambassadeurs, jusqu'au développement des nouveaux procédés de reproduction en couleurs.

Ils sont loin d'être parfaits, et ne le sont jamais lorsqu'ils reproduisent un original de grandes dimensions. Leur progrès, en vingt ans, a pourtant été saisissant. La reproduction ne rivalise pas avec le chef-d'œuvre présent : elle l'évoque ou le suggère. Vouloir la rejeter en raison de ses faiblesses est aussi vain que l'était, naguère, vouloir rejeter le disque. Elle ne fait pas plus négliger les originaux, que le disque n'a fait négliger le concert. *Elle nous mène à contempler ceux qui nous sont accessibles, non à les oublier* ; et s'ils sont inaccessibles, qu'en connaîtrions-nous sans elle ?

Or l'histoire de l'art depuis cent ans, dès qu'elle échappe aux spécialistes, est l'histoire *de ce qui est photographiable*. Tout homme cultivé connaît la rigueur avec laquelle la sculpture occidentale, du roman au gothique et du gothique au baroque, semble entraîner les sculpteurs vers l'expression du mouvement ; connaît-il l'évolution parallèle du vitrail, les soubresauts de la peinture byzantine ? Cette peinture, on l'a cru si longtemps paralysée parce que l'on connaissait mal ce que son langage doit à sa couleur. Connaître celle-ci — de couvent grec en couvent syrien, de collection en musée, de vente publique en antiquaire — exigeait des années, et une mémoire exercée des tons. Son histoire était jusqu'ici celle de son dessin. Et le dessin va perdre, en histoire de l'art, une royauté menacée à Venise, puis retrouvée dans la photographie en noir, qui faisait si souvent de Titien un génie des Gobelins. Une reproduction était d'autant plus efficace que la couleur de l'original y était davantage subordonnée au dessin. Chardin, désormais, ne sera plus désarmé pour combattre Michel-Ange.

Les problèmes particuliers à la couleur vont enfin se poser : l'intrusion du gris dans les tableaux n'est peut-être pas moins significative que la naissance de l'arabesque. Si nous avons moins étudié les styles de couleurs que les styles de formes, c'est que la reproduction des

77

77. Le Rosso, *L'Amour châtié par Vénus* (détail). Fontainebleau, château.
78. *Le Livre du cœur d'amour épris. Amour confie à Vif-Désir le cœur du roi*, 1460-1470. Vienne, Nationalbibliothek.

couleurs était incertaine et difficile. Certains maniéristes italiens, le Rosso par exemple, toute une école du baroque espagnol, ont apporté un changement radical de palette, une trouble harmonie de jaunes et de violets dont la photo en noir ne transmet rien, et sur quoi repose leur art. Depuis la première édition de ce livre — donc, en moins de quinze ans — la peinture mondiale a rejoint la sculpture dans nos bibliothèques. Au peuple des Vierges de pèlerinage répond désormais celui des fresques romanes, inconnues avant la guerre de 1914, sauf des historiens d'art ; celui de la miniature, de la tapisserie, du vitrail surtout ; la découverte que le domaine privilégié de la couleur n'est pas toujours, n'est pas nécessairement, la peinture.

Comme l'agrandissement des petites sculptures, celui des miniatures leur donne (et déjà leur donnait, en noir) une importance toute nouvelle, et les apparente aux tableaux réduits. Nous les avons découvertes, elles aussi, en « remontant » : celles du XVe siècle, les gothiques, les romanes, celles du haut Moyen Age, celles de l'Asie. Le maître du *Cœur d'amour épris* appartient désormais à notre musée. Les *Très Riches Heures du duc de Berry* s'apparentent à des peintures flamandes, au triptyque de Brœderlam, sans leur ressembler. De plus, tels sujets que les Limbourg, Van Eyck, Fouquet, traitent en miniature, sont ceux qu'ils n'ont pas, qu'ils n'eussent pas traités en tableaux... Si l'on veut savoir ce qu'était un paysage pour un peintre septentrional de 1420, comment négliger Pol de Limbourg ? Telles œuvres isolées par la reproduction suggèrent tantôt un grand art, tantôt une école sombrée, sur quoi l'imagination s'attarde. De tel morceau du maître des *Heures de Rohan* surgit un précurseur de Grünewald ; l'*Évangéliaire* de la bibliothèque d'Angers, celui de l'évêque Ebbon, leur couleur retrouvée, n'ont pas moins d'accent que les fresques de Montoire et de Tavant.

79. Pol de Limbourg, *Les Très Riches Heures du duc de Berry*, env. 1414-1416. Chantilly, musée Condé.

80. Le Maître des *Grandes Heures de Rohan*, *Le Mort devant son juge*, env. 1418-1425. Paris, Bibliothèque nationale.

81. *Évangiles d'Ebbon*, IXe siècle. *Saint Marc*, première moitié du IXe siècle. Épernay, bibliothèque municipale.

82. Art roman, Tavant, *La Vierge*, première moitié du XIIe siècle.

83. Bible de Saint-Aubin d'Angers, *Christ en majesté* (détail), fin du XIe siècle. Angers, bibliothèque municipale.

84. Art roman, Montoire, *Christ en majesté* (détail), premier quart du XIIe siècle.

Le genre demeure souvent mineur par son caractère d'art appliqué, ou sa dépendance des conventions. Le XIXe siècle avait connu la miniature du gothique et de l'Iran fleuris. Mais les enluminures irlandaises, aquitaines ; les enluminures carolingiennes, du Rhin à l'Èbre ; le byzantinisme des miniatures arabes, l'album turc du *Conquérant* ? Les enluminures où un maître a *trouvé* un style, et non transposé des tableaux ou imité des enluminures antérieures ? La « civilisation du livre », que connurent les couvents du haut Moyen Age, suscita beaucoup plus de formes irrationnelles que la chrétienté gothique — et nos artistes ne découvrent pas distraitement les formes irrationnelles... Avant cinquante ans, du fatras des manuscrits illustrés, se seront dégagées leurs œuvres capitales. On aura découvert le lien qui unit, notamment dans l'enluminure irlandaise, la création des formes sacrées à la calligraphie des livres saints, comme un autre lien unit les lavis chinois de paysages à la calligraphie des poèmes. Nos successeurs se souviendront-ils que

85. Siyah Kalem, *Combat d'un héros et d'un démon*, XVe siècle. Istanbul, bibliothèque du palais Topkapı.

86. *Le Livre de Kells. La Vierge et l'Enfant*, VIIIe siècle. Dublin, Trinity College Library.

87

l'exposition des enluminures pré-romanes, par quelques grandes bibliothèques de l'Europe (notamment la Nationale) a fait connaître la peinture des « siècles sans peinture » — et qu'en ajoutant au dialogue traditionnel des plus grands sculpteurs de la chrétienté avec la sculpture puissamment élémentaire du XIe siècle, leur dialogue inconnu avec des formes magistralement élaborées *avant l'an mil* pour les Trésors des couvents, ces expositions ont remis en question la nature même du génie roman ?

87. Art roman, Saint-Benoît-sur-Loire, chapiteau (détail), 1026-1030. Saint-Benoît-sur-Loire, Musée lapidaire de l'église.
88. *Pontifical de Winchester. La Pentecôte*, fin du Xe siècle. Rouen, bibliothèque municipale.

89

La mosaïque antique, jusqu'à une époque assez basse, est représentée dans nos grands musées ; non la mosaïque chrétienne, étrangère aux collections royales et aux musées du XIXe siècle. Comme la sculpture des cathédrales, elle rend sensible le lien inattendu qu'établit le Musée Imaginaire entre le fragment apporté, « livré » par la photographie, et l'ensemble du lieu sacré. La mosaïque, dans notre mémoire, ce sont à la fois des scènes,

89. Délos, *Dionysos monté sur une panthère*, IIe siècle av. J.-C.

136

voire des détails ou des fragments, apportés par la reproduction, et aussi Monreale, la Chapelle Palatine, Ravenne — pour le plus grand nombre, Saint-Marc de Venise. Un art qui finira peut-être au musée, mais qui, comme celui du vitrail, ne pourra y entrer sans une métamorphose manifeste. Parce qu'il semble un artisanat ? Il le semblait lorsqu'on le dédaignait. Il nous retient parce qu'il est un art sacré par excellence. Lorsqu'il ne l'est plus ou pas encore, il cesse de nous retenir : la mosaïque de Saint-Marc exécutée d'après le carton de Titien nous irrite ; l'intérêt que nous portons à telles mosaïques romaines n'est pas de même nature que celui que nous portons au *Pantocrator* de Monreale. C'est partout où l'art romain se décompose — Afrique, Orient, Sicile — que notre intérêt s'éveille. Quel pressentiment de Byzance impose à l'esprit antique cette raideur, cette simplification nouvelle, dont on ne sait si elles sont maladroites ou hiératiques ? ce refus d'imiter la peinture qui fait abandonner les fragments de pierre minuscules pour de plus gros (comme, plus tard, on abandonnera la touche fondue des primitifs pour la touche apparente de Venise), et qui conduit la mosaïque, des colombes et des personnages comiques, voire de *la Bataille d'Arbèles*, à l'indépendance brute de l'Afrique du Nord, aux *Saisons* anguleuses d'Antioche ? L'abandon du relief antique suscite le changement de palette par lequel la mosaïque entre au

90. Piazza Armerina, *L'Afrique entre le tigre, l'éléphant et le phénix*, IVe siècle.

91

Musée Imaginaire dont les œuvres dialoguent directement avec celles de nos artistes : l'arbitraire de la couleur suit presque toujours l'affaiblissement de l'illusionnisme. Quelles que soient les dates de Piazza Armerina, et les jeux auxquels la critique historique peut se livrer avec ses filles en bikini, les chasses vaguement pré-carolingiennes des mosaïques capitales y montrent une harmonie rose et grise que nous pouvons rapprocher de celle du temple de Palmyre, peut-être de certaines harmonies hellénistiques orientales, mais non des harmonies romaines, et c'est pourquoi nous sommes si sensibles à cet art. À Sainte-Marie-Majeure comme dans les premières mosaïques de Salonique, le chant de la couleur ne doit plus rien à ce que Rome avait hérité de la Grèce, et la rupture entre un art de représentation et ce que Braque appelle un art de présentation, n'est pas sans analogie avec la rupture entre notre dernier art traditionnel et notre art moderne. La mosaïque chrétienne, art destiné au sanctuaire, dédaignera l'imitation de l'apparence, et, mettant l'arbitraire de la forme et le lyrisme de la couleur au service du monde de Dieu, apportera un art discipliné entre tous, que nos peintres découvriront comme un exemple d'arbitraire et de liberté...

91. Piazza Armerina, *La Grande Chasse* (détail), IVe siècle.

92. Doura-Europos, *Deux Adolescents de la famille de Conon*, deuxième moitié du Ier siècle de notre ère (env. 75). Damas, musée.

140

Le XIXe siècle a tenu le vitrail médiéval pour un art d'ornement. Prenons garde que le domaine de l'art décoratif n'est déterminable avec précision que dans un art humaniste. Un coffret du XVIIe lui appartient d'évidence, mais une châsse ? Un bronze du Louristan, une plaque scythe, une étoffe copte, tels animaux chinois — voire une tapisserie ? Une figure de châsse est subordonnée à l'objet qu'elle décore ? Sans doute moins qu'une statue-colonne à l'église dont elle fait partie ; et l'influence de l'orfèvrerie sur la sculpture romane de pierre n'est plus contestée. Ce sont les critères humanistes qui ont conduit à définir le vitrail par ce qu'il n'était pas, comme le XVIIe siècle jugeait la sculpture gothique. Le vitrail est lié à un dessin subordonné, parfois ornemental (encore faudrait-il y regarder de près), mais sa couleur n'est en rien le coloriage ornemental de ce dessin, un remplissage

---

93. Chartres, *Sainte Anne portant la Vierge*, première moitié du XIIIe siècle.
94. Paris, Sainte-Chapelle, *Judith se baigne aux fontaines*, env. 1243-1248.

éclatant ; elle est une expression lyrique, non sans analogie avec celle du lyrisme pictural de Grünewald ou de Van Gogh. Si le génie chromatique naquit tard en Europe septentrionale, c'est que pour le grand coloriste, le vitrail y était le plus puissant des moyens d'expression ; et nos maîtres ravagés de couleur, à la fin du XIXe siècle, semblent appeler un vitrail dont *le Père Tanguy* et *les Tournesols* seraient plus proches que de Titien ou de Velazquez. Le mot même de « peinture », né des tableaux, nous fourvoie : le sommet de la couleur occidentale antérieure à Giotto, ce n'est ni telle fresque, ni telle miniature, c'est *la Belle Verrière* de Chartres.

L'art du vitrail est *aussi* décoratif. Au même titre que tout art roman, que la statuaire même. Cette statuaire resterait bien souvent enrobée dans l'immense ensemble ornemental qui la presse, si ne l'en arrachait le visage humain. Car la robe de la statue-colonne est un élément du portail, et sa tête n'en est pas un. Du décor qui l'enchâsse, le vitrail du XIIe, du XIIIe siècle même, surgit tout entier avec la force qui libère les visages romans ; mais si, la photographie aidant, chacun isole d'instinct les statues du *Portail Royal* de Chartres, le vitrail ne s'arrache pas encore sans peine à une confusion où *Notre-Dame de la Belle Verrière* se mêle aux entrelacs. L'accent libérateur qu'apporte le visage à la sculpture est donné au vitrail par son expression lyrique, aussi spécifique que celle de la musique, et à quoi aucun artiste ne se méprendra pour peu qu'il la compare aux autres expressions plastiques romanes : fresque ou mosaïque. (Et même son dessin est moins byzantin qu'il ne semble...) Il suffit de rapprocher les grands vitraux romans des fresques, des mosaïques antérieures ou contemporaines, pour voir qu'ils n'en sont pas le décor, mais l'accomplissement.

Certes, le vitrail est une peinture monumentale ; dans

ses expressions les plus hautes, nulle autre ne peut lui être comparée : aucune fresque ne s'accorde à une architecture comme il s'accorde à l'architecture gothique. Les cathédrales aux vitres blanches, lorsque la guerre contraignit à descendre les verrières, nous enseignèrent de reste qu'il était bien autre chose qu'un ornement. Indifférent à l'espace de ce qu'il représente, il ne l'est pas à la lumière variable du jour qui lui avait donné, lorsque le peuple fidèle hantait les églises à des heures différentes, une vie que n'a retrouvée aucune œuvre d'art. Il succède à la mosaïque à fond d'or comme la coulée du jour aux lampes des cryptes, et le silencieux orchestre des vitraux de Chartres semble obéir, tout le long des siècles, à la baguette que l'Ange porte sur le cadran solaire...

Peut-être le soleil, la photographie aidant, retrouvera-t-il bientôt son rôle dans la pièce gothique dont il fut le metteur en scène principal. On ira voir les portails de

95. Chartres, *Notre-Dame de la Belle Verrière* (détail), milieu du XIIe siècle.

Chartres aux heures favorables aux statues, et selon des lumières différentes ; on ira voir les vitraux quand le soleil les traverse, puis quand il éclaire le côté opposé de la cathédrale. (Lecteur, emportez des jumelles, qui donnent une vie intense aux petites scènes parce qu'elles les isolent, plus que parce qu'elles les rapprochent.) On découvrira qu'un grand vitrail est aussi changeant qu'un paysage...

Le génie du vitrail finit quand le sourire commence. Alors le dessin devient privilégié, l'imitation (les personnages de Giotto sont « vivants » pour ses contemporains, comme les figures de Van Eyck sont ressemblantes pour les siens) devient une valeur. Les moyens d'expression romans étaient ceux du sacré. Dans l'hiératisme anguleux des grands vitraux, parent de celui des grands tympans, l'éternel Orient avait trouvé enfin son expression lyrique : le vitrail était une mosaïque illuminée, et le rigide tronc byzantin, nourri des migrations barbares, s'y déployait dans la ramure de l'arbre de Jessé... Ce vitrail n'apportait pas un décor au monde de Dieu, il en était l'expression, au même degré que le tympan de Moissac où une assemblée émerveillée de brutes couronnées, transformées en Vieillards de l'Apocalypse, contemplait l'Éternel semblable à un Christ de majesté. Mais les vignerons des chapiteaux de Bourgogne, puis des verrières de Chartres, prennent la place des vieillards de Moissac ; à Amiens, les forgerons fabriquent des socs avec l'acier des épées... Bientôt l'éclat lyrique perdra l'accent qu'il partageait avec la mosaïque et les tympans romans ; aux figures sacrées des hautes fenêtres de Chartres et de Bourges, succédera le peuple de petits personnages né avec elles.

La Toscane, l'Ombrie, n'écarteront point le vitrail en raison de leur climat : l'Europe romane avait connu la fresque, et le dernier verrier digne des maîtres de Chartres sera Paolo Uccello (dont aucune reproduction, hélas ! ne transmet l'éclat de la *Résurrection* telle qu'on la vit, descendue, à l'exposition de Florence). Mais ce vitrail est unique. Le monde gothique s'achève, et le vrai vitrail ne survivra pas au génie de Giotto. Les verrières, comme les mosaïques, comme les tympans romans, avaient fait accéder les figures humaines au monde de Dieu ; l'art va s'efforcer d'incarner les figures divines dans le monde des hommes. Et le chromatisme des vitraux, leur relation avec la lumière vivante et non avec une lumière imitée, interdisent à leur génie, de survivre à l'admiration pour une peinture qui découvre l'illusion.

96. Paolo Uccello, *La Résurrection du Christ*, 1444. Florence, Santa Maria del Fiore.

97

Il semblait que l'abstraction des tapis promît à leur art une éclatante résurrection. Elle n'a pas eu lieu. Allons-nous découvrir que nous appelons décoratif cet art parce qu'il est pour nous sans histoire, sans hiérarchie et sans signification ? La reproduction en couleurs va-t-elle l'ordonner, le classer, délivrer du souk l'œuvre capitale comme elle a délivré de la brocante la sculpture nègre, libérer l'Islam de la turquerie, et donner place à la dernière expression de l'Orient éternel ? Que nous enseigneraient deux vastes expositions organisées, l'une à Lahore par des spécialistes musulmans, l'autre à Paris par des peintres ? Que nous enseignerait même une exposition, organisée elle aussi par des peintres, de tapis européens ? Ceux de la Savonnerie, ceux d'Espagne, sont moins connus encore que ceux de la Perse et du Caucase. Provisoirement, le tapis retient moins nos artistes, que ne font les broderies scythes, les étoffes péruviennes et coptes, de nature d'ailleurs différente. Et il les retient surtout quand il s'apparente à la tapisserie.

97. Art péruvien, manteau brodé (détail), env. 400-1000. New York, Brooklyn Museum.

98. Art copte, *Cavalier*, XIe siècle. Paris, musée du Louvre.

Celle-ci fait partie de nos résurrections au premier chef. Son caractère décoratif l'a libérée longtemps de la vision « objective », et ses couleurs, comme celles du vitrail, sont peu soumises à celles qu'elles représentent. Délivrée de sa matière par la reproduction, elle devient une sorte d'art moderne. Nous sommes sensibles à son écriture plus apparente que celle des tableaux, à sa raideur xylographique, au tuyauté de ses personnages, aux volutes et aux brisures de *l'Apocalypse* d'Angers, aux timides damasquinages de *la Dame à la licorne*. (Nous sommes rarement indifférents au refus de l'illusion.) Les plus anciennes, par l'opposition de leurs rouges morts et de leurs bleus de nuit, par toute leur couleur irrationnelle, continuent la psalmodie romane ; celles de la fin du Moyen Age, de la Renaissance, nous apportent l'un des grands arts courtois de la chrétienté.

99. *L'Apocalypse, Un ange montre à saint Jean la Grande Prostituée*, env. 1380. Angers, château, musée des Tapisseries.

100. *La Dame à la Licorne. L'Odorat* (détail), env. 1500. Paris, musée de Cluny.

101. Masaccio, *Saint Pierre baptisant* (détail). Florence, Santa Maria del Carmine, chapelle Brancacci.

Mais le plus vaste domaine de résurrection du Musée Imaginaire n'est évidemment pas celui de la tapisserie, ni même de la mosaïque ou du vitrail : c'est celui de la fresque ; plus généralement, de la peinture murale. Elle appartient à plusieurs civilisations, et à plusieurs ères de notre civilisation. Elle est peu représentée au musée, et souvent mal — comme les statues des cathédrales. Les fresques du Vatican, de la Sixtine, *la Cène* de Léonard, n'avaient pas cessé d'être illustres, reproduites par les copies et par les gravures, et familières aux artistes autant que des œuvres peuvent le devenir par leur reproduction. Cette gloire ne s'étendait pas au-delà des premières œuvres de la Sixtine, du Quattrocento fleuri. La résurrection commence au « style sévère » de la Toscane — Masaccio, Uccello, Castagno, Piero della Francesca — et s'enfonce dans le temps, à travers Giotto, jusqu'aux Catacombes, jusqu'à l'Égypte ancienne et, dans l'espace, jusqu'au Japon.

Au-delà de Giotto, c'est la résurrection de la peinture à deux dimensions, depuis Saint-Savin jusqu'à Palmyre. Presque toute religieuse, ou gouvernée par des formes religieuses, dans l'enluminure comme dans la peinture murale : mur d'église plus souvent que de palais, peinture née pour l'église, même quand elle orne le palais. Nous n'en avons pas fini avec Byzance, ni avec les civilisations pour lesquelles la forme humaine accède au sacré par une calligraphie hiératique, comme la parole par le latin d'Église. Cette transformation de l'homme en figure d'un poème sacré est manifeste dans maintes peintures que nous sommes en train de découvrir : celles de l'Ancien Orient et de l'Asie Mineure, des hautes époques du bouddhisme, celles de l'Étrurie, du Mexique...

Ces peintures, presque toutes des fresques, nous apportent des palettes très différentes. Ocre, bleu et brun de l'Égypte et de la Mésopotamie, bleu et sanguine de l'Étrurie ; rose saumon de l'Asie Mineure qui couvrira les sarcophages où s'ensevelira l'Égypte ; cendre verte et cendre bleue, turquoises vivantes et mortes de l'Asie centrale ; taches profondes trouées d'incarnat, ou masses de brun et de vert olive à Ajantâ ; et lignes des mêmes tons à Nara... Ces couleurs ne sont pas nouvelles pour nous, mais leurs accords le sont. Ils nous séduisent souvent, nous saisissent parfois. Avant vingt ans, quelques fresques de l'Égypte et de la Chine, de l'Inde et de la Route de la Soie, celles qui disparurent dans l'incendie de Nara (et le Bouddha du Hokkeji, les deux grands portraits de Takanobu...) auront rejoint dans la mémoire des artistes une vingtaine de fresques romanes. Mais sommes-nous tout à fait assurés d'admirer le maniérisme cosmique des fresques d'Ajantâ comme nous admirons

102. Ajantâ (Inde), *Naissance du Bouddha*, VIᵉ siècle.

les sculptures d'Ellorâ, d'Elephantâ, de Kanheri ? Quelle fresque romane égalons-nous au tympan de Moissac ou à celui d'Autun ? La peinture sacrée du christianisme, c'était d'abord la mosaïque et le vitrail. La connaissance, de plus en plus répandue, de la peinture murale des églises, n'a pas seulement rendu familiers quelques-uns des plus grands maîtres de la chrétienté, elle a aussi modifié la perspective dans laquelle apparaissait la peinture chrétienne. Il n'en va pas de même de la résurrection d'œuvres antérieures, ou asiatiques. Et si cette résurrection met moins brutalement en question le musée d'hier que ne fait la résurrection de la sculpture, bien que la peinture soit l'art majeur de notre temps, c'est peut-être parce qu'elle ne l'était pas des civilisations du sacré...

103. Ellorâ (Inde), *Déesse du Gange* (détail), VIIe siècle.

104. Berzé-la-Ville, *Martyre de saint Vincent* (détail), début du XIIe siècle.

105. Moissac, *Christ en majesté* (détail), 1110-1120.

106. Qïzïl (Asie centrale). *Divinité et musicienne*, 600-650. Berlin, Staatlische Museen.

107. Nara (Japon), *Bodhisattva* (détail), deuxième moitié du VIIe siècle.

C'est aussi parce que l'antique exerça longtemps, en sculpture, une royauté qu'il n'exerça que fugitivement en peinture. L'antique, ce sont des sculptures : nul ne compara la décoration peinte des ruines de Rome, d'Herculanum ou de Pompéi, aux statues exemplaires que vénérait l'Occident. Au temps de Baudelaire, l'antique était la seule sculpture qu'accueillît le Louvre.

N'oublions pas que pour Baudelaire, la sculpture, à l'exception de celles de Michel-Ange et de Puget qui appartiennent aux temps modernes, avait été « *un art de Caraïbes* », et ne cessa jamais tout à fait de l'être. Il reconnaissait la grandeur des bas-reliefs assyriens et mexicains sans la séparer de la naïveté ; mais pour lui comme pour presque tous ses amis, la sculpture médiévale, depuis le premier tympan roman jusqu'à la dernière cathédrale, s'imposait si peu en tant qu'art, qu'il n'en parla jamais. La résurrection de cette sculpture n'est nullement due au romantisme, qui l'a toujours confondue avec les décors de *Faust* : il n'a point ressuscité le génie de la grande chrétienté, il en a ressuscité le cadre dispensateur de rêves. Ses restaurations ont rétabli la façade des cathédrales en *détruisant* le style de leurs statues. Pour l'Europe romantique, le Moyen Age fut celui du XIVe siècle et surtout du XVe siècle : non celui du Christ de Chartres et des Majestés, mais celui des diables cornus, d'une Allemagne devenue légendaire à travers les gravures de Dürer, qui symboliseront le Moyen Age comme celles de Goya symboliseront l'Espagne. Un gothique qui n'aurait pas connu l'art roman. Mérimée, archéologue, enseigne à Stendhal la distinction entre les arts roman et gothique comme on enseigne aujourd'hui la succession des styles chinois. Qui penserait au *Portail Royal* de Chartres, et même à l'*Annonciation* d'Amiens, au *Sourire* de Reims, en lisant *Notre-Dame-de-Paris* ? En plein XIXe siècle, pour « sauver » les tympans de Saint-

Denis, sépulture des rois de France, le sculpteur Brun en arrondit les personnages, en efface l'accent — et signe. On appelle gothiques des tableaux d'Ingres, dont le portrait de Madame Rivière. Gautier, passant par Chartres, *ne fait pas le détour* (cinq cents mètres) pour voir la cathédrale. Victor Hugo note son émotion devant Reims, sans trop se soucier des têtes dont on l'ébarbe « parce qu'elles dépassent » lors du sacre de Charles X ; et se retrouve en 1871 devant la même cathédrale, dont il ne regarde pas davantage les statues. Rodin, en 1910 ! déplorera l'abandon des églises gothiques... Delacroix découvre avec surprise, à cinquante-sept ans, que les statues de la cathédrale de Strasbourg *« ne sont pas si barbares »*, et cite jusqu'à sa mort le mot de Poussin : *« Comparé aux Anciens, Raphaël est un âne. »*

Le prestige de l'antique n'est mis en question ni par Marx, ni par Taine, ni par Nietzsche : aux statues qui ne devaient rien à la Grèce, l'archéologie commençait.

À plus de trois siècles pour lesquels la seule sculpture du passé digne d'admiration avait été la seule qu'ils tinssent pour profane (car jamais l'Europe des grandes monarchies ne vit dans l'art romano-hellénistique un art religieux), succède le siècle qui rassemble les chefs-d'œuvre de toutes les sculptures religieuses, y compris celle d'Égine et d'Olympie. Qu'aux statues des places, des palais et des jardins antiques, se soient substituées celles de toutes les montagnes sacrées, de tous les temples et de tous les tombeaux, suffit à suggérer que l'esthétique n'est pas seule en cause. La découverte des sculptures religieuses fut secondaire, puisque chacun pouvait voir les statues de Notre-Dame de Paris ? On les regardait peut-être, mais on ne les voyait pas ; sinon, Baudelaire et Delacroix ne les eussent pas ignorées, et Viollet-le-Duc, qu'enthousiasmait l'architecture de Notre-Dame, ne les eût pas détruites. Quelque surprise que nous en éprouvions, la naissance de l'art moderne, la destruction de l'illusionnisme traditionnel, symbolisée par *Olympia*, coïncide avec la destruction du primat de l'antique, donc du règne exclusif d'une sculpture profane.

Pour Manet et pour Cézanne, et même pour les « trois grands » nés avec le siècle : Corot, Ingres, Delacroix, le caractère le plus surprenant de notre Musée Imaginaire serait l'irruption de la sculpture, la présence multiple et profonde avec laquelle son passé, et non celui de la peinture, recompose celui de notre art tout entier. Certes, entendre le langage de la sculpture gothique n'est pas nécessairement entendre celui des tours du *Bayon* d'Angkor, des grottes de l'Inde, et des bas-reliefs que les rois sassanides ont fait sculpter au flanc des montagnes iraniennes ; souvenons-nous pourtant que Rodin étudia avec la même attention les sculptures gothiques, les danses cambodgiennes et les bas-reliefs d'Angkor. Les Rois Mages des cathédrales allaient nous apporter toute la sculpture du monde.

Cette épopée, qui emplit le Musée Imaginaire, serait-elle la même sans la transfiguration de la sculpture par la photographie ? Ces bas-reliefs, ces statues, sont devenus des planches. Le public étendu auquel celles-ci s'adressent ignore un sentiment qui, pendant quatre siècles, avait joué un grand rôle dans la relation entre l'amateur et l'œuvre d'art : le sentiment de possession. Nous ne possédons pas les œuvres dont nous admirons la reproduction (presque toutes se trouvent dans les musées), et nous savons que nous ne les posséderons jamais, que nous n'en posséderons jamais de semblables. Elles sont nôtres parce que nous sommes artistes, comme les statues de saints médiévales appartenaient au peuple fidèle parce qu'il était chrétien (mais ces statues médiévales étaient aussi des saints, et nos statues ne sont que des statues). Cette indifférence à la possession, qui, pour nous, délivre l'œuvre d'art de son caractère d'objet d'art, nous rend plus sensibles que les amateurs d'objets d'art à la présence de l'accent de création, accent que la photographie révèle dans les œuvres mineures ou de petites dimensions, comme dans les chefs-d'œuvre. Le monde des photographies n'est que le serviteur du monde des originaux, sans doute ; pourtant, moins séduisant ou moins émouvant, beaucoup plus intellectuel, il semble révéler, au sens qu'a ce mot en photographie, l'acte créateur ; faire d'abord de l'histoire de l'art, une suite de créations.

Mais ce monde intellectualisé possède ses propres sources d'émotion, parce qu'aucune de ces planches n'épuise l'œuvre qu'elle représente. Pour l'interpréter, elles doivent compenser la profondeur dont elles ne disposent pas[*] ; — elles lui donnent par là une vie plus intense que celle du moulage. Surtout, lorsqu'il s'agit de statues demeurées en place, la photographie suggère la grotte, la cathédrale, la montagne. En substituant l'album à la salle du musée, elle apporte le lyrisme un peu trouble qui naît du rapprochement d'œuvres séparées par la moitié de la terre, lorsqu'elles nous parviennent avec des lambeaux de forêt, de désert ou de montagnes — et qui naît aussi de ce qu'apportent l'angle, la distance, l'heure, choisis par le photographe. L'aube et le crépuscule font du *Sphinx*, un acteur qui joue le rôle du *Sphinx*...

Comme la lecture des drames en marge de leur représentation, comme l'audition des disques en marge du concert (mais aussi comme la lecture de drames que nous

---

[*] C'est l'impossibilité de résoudre un problème de cette nature qui a — jusqu'ici — interdit au Musée Imaginaire d'annexer l'architecture. L'extérieur des monuments y devient trop petit : la reproduction leur impose une échelle à laquelle ne résisteraient ni les statues ni les grands tableaux, si elle la leur imposait. Quant à l'intérieur des cathédrales, des temples, et même des palais, la photographie (à l'exception de réussites épisodiques, comme celles des éditions *Zodiaque* pour les églises romanes), bien qu'elle exprime depuis longtemps le relief, n'est pas encore parvenue à exprimer la profondeur — que le cinéma suggère quelquefois.

ne verrons jamais représenter, comme l'audition de disques dont nous n'entendrons jamais le concert qu'ils nous transmettent...) apparaît, en marge du musée, le plus vaste domaine artistique que l'homme ait connu, le premier héritage de toute l'histoire — y compris l'histoire ignorée...

Héritage étendu encore, depuis quelques années, par les rétrospectives, les expositions, dépendances éclatantes et éphémères du Musée Imaginaire (à Paris, de 1958 à 1964 : Poussin, Delacroix, l'Iran, l'Inde, le Mexique, le Japon, le Tchad, l'art copte...). Et même, dans leurs limites, par les musées de moulages et de copies : la section fresques des Monuments français a révélé la couleur des fresques romanes en 1937 — quand Braque et Picasso avaient presque soixante ans... Ces musées aussi rapprochent les œuvres éparses. Ils choisissent largement, puisqu'ils ne sont pas obligés d'acquérir les originaux qu'ils copient. Ils sont maîtres de leurs confrontations. Ils ont plus de force que l'album, mais ne possèdent pas au même degré le virus qui désagrège les œuvres au bénéfice du style, car il vient de leur réduction commune au format du livre, de la proximité et de la succession des planches, qui animent un style comme l'accéléré du film anime une plante. Ces musées, de même que les expositions, trouvent d'ailleurs bientôt leur expression photographique.

Et les villes d'art sont devenues les nouvelles villes de pèlerinage...

Comme les planches de l'album qui fixera leur passage, les œuvres de l'exposition ont perdu leur fonction, depuis les plats d'or dans lesquels nul roi ne mange plus, jusqu'aux dieux que nul prêtre ne prie plus. Celle du musée aussi ? Mais un musée connaît rarement la continuité historique de l'exposition à laquelle ont contribué vingt nations, de l'album, du Musée Imaginaire dans son

---

108. Portique de l'Érechthéion, dernier quart du Ve siècle av. J.-C. (env. 420). Athènes, Acropole.

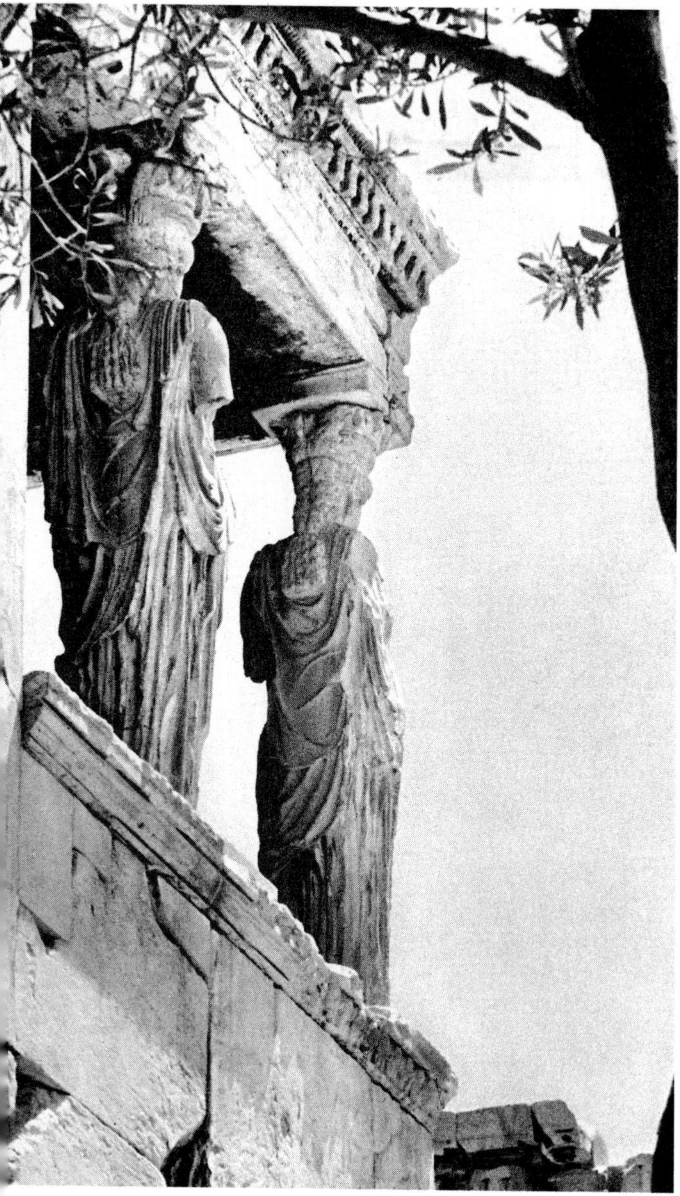

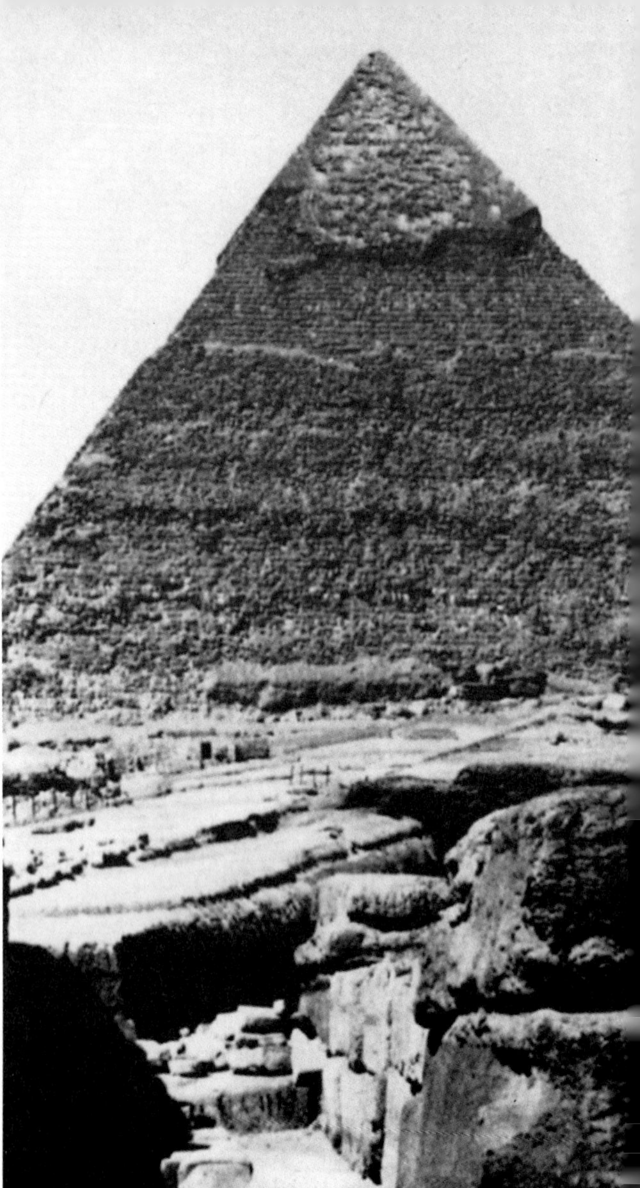

109. *Grand Sphinx et pyramide de Chéphren*, Ancien Empire, IVe dynastie. Gizeh.

166

110. Art sassanide, *Investiture de Bahram Ier*, deuxième moitié du IIIe siècle (entre 273 et 276). Bichâpour (Fars).

111. Elephantâ (Inde), *La Maheçamurti entourée de deux dvarapalas*, VIIe ou VIIIe siècle.

112. Long-men (Chine), *Bodhisattva et Vaisravana*, 672-675.

113

113. Chartres, statues-colonnes, 1145-1150.
114. Teotihuacan (Mexique), *Tête de serpent à plumes*, env. 300-650.

115

115. Art dogon, *Case fétiche*. Village ogol, Mali.
116. Art khmer, Le Bayon, *Tour à visages*, fin du XIIe-début du XIIIe siècle. Angkor-Thom, Cambdoge.

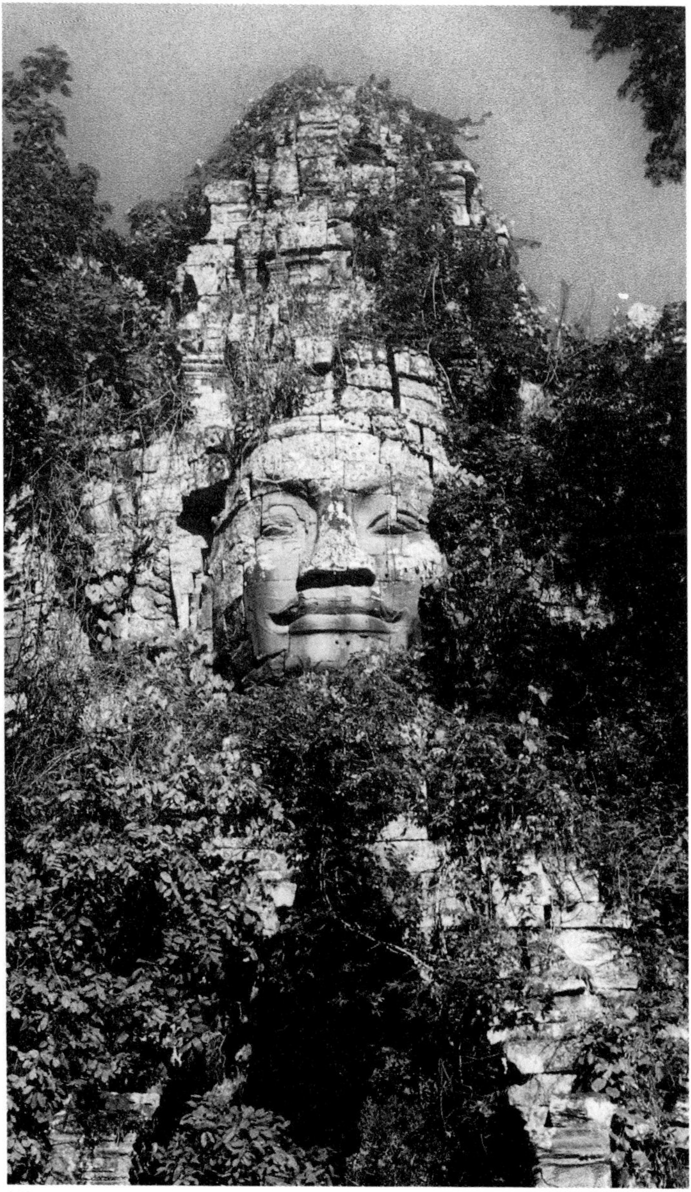
116

ensemble ; aucun musée ne nous montre à ce point une longue suite d'œuvres accéder à la vie qu'elles tiennent *de leur succession*, comme si quelque esprit de l'art poussait une même conquête d'enluminure en vitrail, de vitrail en fresque, de fresque en tableau. Le style mésopotamien, depuis les *Fécondités* des tombeaux jusqu'aux empreintes de sceaux, aux bas-reliefs, aux statues et aux plaques de bronze des nomades, semble prendre, surtout à travers l'équivoque unité de la photo, une existence de créateur... D'où, l'entrée en scène de ces sur-artistes imaginaires qui connaissent une confuse naissance, une vie, des conquêtes, des défaites, une agonie, parfois une renaissance ou une résurrection — et que nous appelons les styles.

La pluralité dans laquelle Moissac, Ellorâ et Sumer ont paru en face d'Athènes n'est pas seulement le déploiement de celle dans laquelle Rubens s'opposait à Raphaël. Les images des monographies mettent en lumière l'intention et la signification d'un peintre aussi secret que Vermeer, aussi complexe que Rembrandt, comme celle d'un peintre aussi emporté que Rubens. Mais on avait opposé, on oppose encore Rubens (et, plus significativement, Rembrandt) à Raphaël, comme des individus ; s'ils n'appartiennent ni à la même nation ni au même siècle, ils appartiennent à la même civilisation, et les peintres, peu touchés par le déterminisme, les opposaient comme Delacroix à Ingres, les opposent comme Braque à Picasso. Alors que ce n'est ni une différence d'expression individuelle, ni une rivalité — fût-elle de l'ordre du génie — qui oppose le *Pharaon Djéser* ou les *Goudéa* aux *Bouddhas* de Long-men, les figures d'Elephantâ à l'*Aurige* de Delphes, et les masques dogon ou congolais, aux visages du *Portail Royal*. L'artiste des grands styles religieux, presque toujours anonyme, semble plus possédé par ses dieux, que maître de son œuvre ; surtout, la signification capitale de son art lui appartient à peine, car elle appartient d'abord à sa foi — surtout si cette foi n'est pas la nôtre. On opposait la vision de Poussin à celle de Rubens, on ne peut l'opposer à celle des mosaïstes byzantins, des sculpteurs africains : leur art n'est pas l'expression d'une vision, mais de l'invisible.

Que le style puisse être l'expression légitime et ressuscitée de l'intention créatrice, dont le sens unit les artistes d'une civilisation comme une âme commune, nous semble évident ; nous oublions que l'Europe, puis le reste du monde, l'ont découvert au XXe siècle. Pour les croisés, le Sphinx de Gizeh ne fut qu'un diable, comme le furent les dieux aztèques pour les Espagnols. La Grèce, Rome, Florence, Venise furent pour l'Europe classique les Écoles d'un style qui rejetait tout autre. Le classicisme des Grandes Monarchies n'avait connu que le passé de son art ; il avait préservé son art byzantin et son art médiéval — quand il l'avait fait — par vénération, comme il préservait les Vierges noires. Les classicismes de l'Asie méprisaient tout art européen : à chacun ses magots. Le Louvre romantique paraissait plus accueillant mais, comme les collections qui l'avaient précédé, il n'acceptait que ses propres précurseurs ; et les plus grands artistes parlaient de la naïveté égyptienne... Il avait accueilli l'Égypte et la Chaldée en tant que dépendances de la Bible et de l'Antiquité. La perception d'une haute intention, d'une signification essentielle, a délivré du préjugé de la maladresse toutes les civilisations étrangères à la nôtre, par les mêmes voies qu'elle en a délivré le Greco et Grünewald. Les précurseurs ne sont pas absents du vaste Trésor, d'ailleurs variable, du Musée Imaginaire ; mais nous ressentons tout grand style comme le symbole d'une relation fondamentale de l'homme avec l'univers, d'une civilisation avec la valeur qu'elle tient pour suprême : avec ses dieux. Le passé de l'art, qui n'avait été, pour l'Europe, que le passé d'un style appelé art, nous apparaît comme un monde de styles ; la création artistique y devient ce par quoi les formes devinrent style. Un pouvoir ignoré ou dédaigné, il y a un siècle, se révèle l'un des pouvoirs majeurs de l'artiste : son expression, l'un des caractères majeurs de l'art. Mais l'éclatante promotion de ce pouvoir nous dit à voix basse quelques mots qu'il ne nous sera pas facile d'oublier : le musée était une affirmation, le Musée Imaginaire est une interrogation.

IV

Une telle résurrection rassemble nécessairement des œuvres qui ont subi une profonde métamorphose. Et d'abord, au vrai musée, comme sur l'Acropole, dans les grottes de l'Inde ou au portail des cathédrales, des œuvres que le temps a beaucoup changées.

Presque tout le passé nous est arrivé sans ses couleurs. La plupart des statues de l'Orient étaient peintes, et celles de l'Asie centrale, de l'Inde, de la Chine et du Japon ; l'art de Rome était souvent de toutes les couleurs du marbre. Peintes, les statues romanes, les statues gothiques. Peintes, semble-t-il, les idoles précolombiennes ; peints, les bas-reliefs mayas.

Les vestiges de celles de la Grèce suggèrent un monde bien différent de celui que suggère depuis longtemps la sculpture hellénique. Ce que nous avons laissé subsister, sous le mot Grèce, de l'alexandrinisme à travers lequel il nous parvint, s'accorde mal à des figures tricolores. La palette d'une époque n'est pas moins liée à celle-ci que son dessin ; mais, si chacun de nous tient pour intelligible une évolution de la ligne qui passerait du tuyauté gothique à l'arabesque de la Renaissance et à l'emportement baroque, le lien admis entre une civilisation et sa couleur ne dépasse guère l'idée, prudemment confuse, que la peinture des civilisations dites d'harmonie serait claire, celle des civilisations dualistes, sombre. Or, les fresques mayas, beaucoup de crânes surmoulés d'Océanie, sont

117. Touen-houang (Chine), *Le Bouddha entouré de ses disciples* (détail), VIe-VIIe siècle.

clairs ; les miniatures manichéennes aussi. Autant vaudrait croire que la musique des époques héroïques est faite de marches militaires. La couleur d'une sculpture indifférente au réalisme est rarement réaliste : les statues grecques étaient polychromes, mais Platon nous enseigne que, de son temps, leurs prunelles étaient peintes *en rouge*. À l'exception relative de l'Égypte, les domaines de couleurs des grandes civilisations antiques, aussi imprévisibles et particuliers que le furent leurs domaines de formes, ne nous sont plus suggérés que par des fragments, et notre vaste résurrection a souvent changé le langage des ressuscités. Un système cohérent, non moins viable que le système originel, a pris la place de celui-ci.

Encore savons-nous, éprouvons-nous, que les statues grecques, maintes statues mésopotamiennes, nous sont parvenues transformées. Mais l'art roman — dont la résurrection succède à celle de l'antique, et l'efface ? Ses colonnes ont été striées de couleurs vives ; tels de ses Christs furent éclatants comme des fétiches polynésiens ; et ses plus célèbres tympans, peints selon la palette des enluminures de leur temps. Leurs couleurs, pas plus réalistes que celles du vitrail, des archaïques grecs ou des stucs bouddhiques, exprimaient un monde que les fresques romanes commencent à nous révéler, bien différent de celui des églises décolorées. Le gothique finit dans le bariolage du *Puits de Moïse* de Sluter, base d'un calvaire : la robe de Moïse était rouge, la doublure de son manteau, bleue ; le socle était parsemé d'initiales et de soleils d'or, et peint, comme tout le calvaire, par Malouel ; Job portait de vraies lunettes d'or. (Cette équivoque illusion reparaîtra dans les bois polychromes espagnols.) Les musées de toute l'Europe centrale nous montrent qu'il y eut, dans le Moyen Age, un cinéma en couleurs, encore présent dans les fontaines bariolées des bourgs germaniques...

180

119   120

Lorsque la peinture qui couvrit les statues romanes de bois nous parvient, elle est transformée au moins par une patine, toujours par la décomposition ; et la transformation qu'apportent l'une et l'autre atteint la nature même de ces sculptures. Notre goût est aussi sensible à la décomposition raffinée de couleurs faites pour l'éclat, que celui du siècle dernier le fut au vernis des musées ; si une Vierge romane peu dégradée et une Vierge rongée d'Auvergne appartiennent pour nous au même art, ce n'est pas parce que la Vierge d'Auvergne est un vestige de l'autre, mais parce que la Vierge intacte participe, à un plus faible degré, de la qualité que nous reconnaissons à la Vierge ravagée. D'autant plus que les statues médiévales ne sont pas intactes : ou bien elles tirent de leur décomposition une qualité semblable à celle que les bronzes doivent à leur patine ; ou bien elles ont été repeintes au cours des siècles (et pas seulement celles de l'Europe). D'où le caractère faussement populaire de tant de figures romanes ou gothiques d'Espagne et d'Italie. Ce caractère

118. Saint-Denis, *La Vierge et l'Enfant*, troisième quart du XIIe siècle.
119-120. Bologne, *Crucifixion*, avant et après restauration, deuxième moitié du XIIe siècle (env. 1160-1180).

121.

121. Erill-la-Vall (Catalogne), *Descente de croix*, XIIe siècle.
122. Mitgaran (Catalogne), *Torse de Christ*, XIIe siècle.

22

disparaît par la restauration, qui se garde bien de décaper complètement les œuvres, et retrouve, par les traces de la polychromie primitive, la « présence du temps ». Nous sommes sensibles à la mutilation de la couleur comme nos prédécesseurs le furent à celle de la statuaire. Mais cette sensibilité à l'objet précieux ne prévaut pas contre le *Portail Royal* de Chartres. En 1950, pas un album de quelque importance n'avait été consacré à la sculpture romane polychrome. Parce que notre art roman est d'abord celui de la pierre, celui du bas-relief et de la statue-colonne : celui des monuments. Devenu monochrome dans notre admiration, *comme l'antique l'était devenu* dans celle de Michel-Ange... Les groupes des descentes de croix intactes substituant souvent à la puissance romane un accent de crèches ou de calvaires bretons, nous n'avons pas plus hâte de rétablir le calvaire d'Erill-la-Vall que les bras de *la Victoire de Samothrace*.

La mutilation qui fait la gloire de *la Vénus de Milo* pourrait être l'œuvre d'un antiquaire de génie ; les mutilations aussi ont leur style. Un filtrage qu'il est trop simple d'appeler le goût, concourt aux résurrections : les collections d'antiques, dès le Quattrocento, ont recueilli plus volontiers les torses que les jambes. Nous préférons souvent les statues de Lagash sans tête, les bouddhas khmers sans jambes, les fauves assyriens isolés. Le hasard brise et le temps métamorphose, mais c'est nous qui choisissons.

L'évolution des musées, la naissance du Musée Imaginaire, seraient plus intelligibles si l'on comprenait qu'elles sont liées à une métamorphose de l'œuvre d'art, qui ne se fonde pas seulement sur le développement de nos connaissances : l'Occident connaissait depuis longtemps les fétiches et les idoles, quand il découvrit l'art nègre et l'art mexicain. La puissance de métamorphose de l'œuvre d'art succède à ce que l'on appela sa puissance d'immortalité, de même que notre Résurrection des millénaires succède à la Renaissance de quelques siècles antiques.

Pourtant, l'art qui découvrit cette immortalité et dont se réclama cette Renaissance : l'art grec, demeure au premier rang de nos musées — comme si le domaine de notre admiration n'avait fait que se développer avec celui de nos connaissances. Pendant quatre siècles, l'Europe avait exalté l'art grec entre tous, et nous l'admirons encore ; mais nous n'admirons pas les mêmes statues, nous ne nous référons pas à la même Grèce.

Pour nous, la découverte fondamentale de la Grèce, c'est la constante mise en question de l'univers. Ces philosophes qui enseignaient à vivre, ces dieux qui changeaient avec leurs statues — soumis aux artistes comme des rêves — avaient modifié le sens même de l'art ; malgré l'évolution des formes où, de siècle en siècle, s'était affirmé davantage en Égypte l'ordre irréductible des astres et de l'éternel, en Assyrie celui du sang, l'art n'avait été que l'illustration d'une réponse, faite une fois pour toutes au destin par chaque civilisation ; l'opiniâtre question qui fut la voix même de la Grèce, détruisit, en cinquante ans, cette litanie tibétaine. Fin de l'unique au bénéfice de la multiplicité du monde, fin de la valeur suprême de la contemplation et des états psychiques où l'homme croit atteindre l'absolu en s'accordant à des rythmes cosmiques pour se perdre dans leur unité, l'art grec est le premier qui nous semble profane. Les passions fondamentales y prirent leur saveur humaine ; l'exaltation commença de s'appeler joie. La danse sacrée dans laquelle apparaît la figure hellénique, c'est celle de l'homme enfin délivré de son destin.

La tragédie ici, nous trompe. La fatalité des Atrides, c'est d'abord la fin des grandes fatalités orientales. Les

12

dieux s'y occupent des hommes, autant que les hommes, des dieux. Ses figures souterraines ne viennent pas de l'éternité du sable babylonien, elles s'en libèrent en même temps que les hommes, comme les hommes ; au destin de l'homme, l'homme commence et le destin finit.

Aujourd'hui même, pour un musulman fervent, l'histoire d'Œdipe n'est qu'une agitation d'ombres : Œdipe n'est pas pour lui une exception révélatrice, car chaque homme est Œdipe. Et le peuple d'Athènes, qui connaissait les thèmes tragiques, n'admirait pas en l'art qui les faisait tragédies la défaite de l'homme, mais au contraire sa reconquête, la possession du destin par le poète.

Tout artichaut porte en lui une feuille d'acanthe, et l'acanthe est ce que l'homme eût fait de l'artichaut, si Dieu lui eût demandé conseil. La Grèce, peu à peu, amène à la dimension humaine les formes qu'elle choisit, lui ramène les formes des arts étrangers ; sans doute un paysage d'Apelle suggérait-il un paysage fait par l'homme et non par le cosmos. Le cosmos humanise ses éléments, oublie les astres orientaux ; en face de l'esclavage pétrifié des figures d'Asie, le mouvement sans précurseur des statues grecques est le symbole de la liberté. Le nu grec deviendra un nu conquis sur sa servitude, celui qu'eût créé un dieu qui n'eût pas cessé d'être un homme.

C'est cette conquête qui nous arrête, au musée de l'Acropole, devant la *Koré d'Euthydikos* et la *Tête d'éphèbe*, comme elle nous arrête devant l'*Athéna d'Égine*. Leur style s'appelle le style sévère ; mais avant leur naissance, sur les statues encore frontales aux origines incertaines, s'était dessiné ce que n'avaient connu ni l'Égypte, ni la Mésopotamie, ni l'Iran, ni quelque art que ce fût : le sourire.

Bien plus que dans ses draperies, la Grèce est dans ce retroussement des lèvres qui suggère *l'Odyssée*, et qui n'est pas le « sourire intérieur » du bouddhisme et de quel-

---

123. Art grec, *Sphinx*, troisième quart du VIe siècle av. J.-C. Athènes, musée de l'Acropole.

124. Art égyptien, *Le Pharaon Djéser* (détail), Ancien Empire, IIIe dynastie. Le Caire, musée.

125. Art grec, *Tête d'Athéna*, env. 490 av. J.-C. Munich, Glyptothek und Museum Antiken Kleinkunst.

ques visages de l'Égypte, sourire qui ne pressent pas le rire ; car, primitif ou complexe, celui de la Grèce s'adresse à qui le regarde. Chaque fois qu'il reparaît, quelque chose d'Athènes est près d'éclore, depuis le sourire de Reims jusqu'à celui de Florence ; et chaque fois qu'il devient roi, l'homme reconquiert la royauté fragile qu'il conquit pour la première fois sur la montagne de Delphes.

Si le nu féminin de la Grèce nous suggère la volupté, c'est d'abord parce qu'il est délivré de la paralysie sacrée, et que tous les gestes sont suspendus en lui comme dans le sommeil des vivants ; mais surtout parce que l'ordre des astres auquel il se relie a cessé d'être fatalité pour devenir harmonie, parce que la Terre devenue secourable étend jusqu'au cosmos son triomphe sur ce qui fut la terrible royauté des Mères. Et lorsqu'on cesse de le regarder avec des yeux chrétiens, lorsqu'on le compare, non au nu gothique mais au nu indien, son accent change aussitôt : son érotisme s'estompe ; nous découvrons qu'il rayonne de liberté, et que ses formes pleines portent secrètement les draperies des Victoires.

L'artiste oriental — comme devait le faire plus tard l'artiste byzantin — avait traduit les formes en un style qui les faisait accéder au sacré, selon des valeurs dont la plus constante était l'éternel. L'art hellénique trouve sa force dans son accord avec l'homme, comme les arts de l'éternel et du destin l'avaient trouvée dans leur désaccord : ceux-ci ne se voulaient ni art ni beauté ; ils n'avaient pas « du style » : ils étaient style. L'art grec en lutte contre celui de l'Orient ancien, les arts chrétiens en lutte contre la part d'Orient du christianisme, découvrent la représentation par des voies semblables. Le fondu des plans, qui se substitue aux arêtes des figures du style sévère (pour les lèvres et les paupières en particulier), préfigure l'estompage du contour par Léonard. Les divinités païennes légueront à l'Italie la technique de l'illu-

126. *Victoire de Samothrace*, début du IIe siècle av. J.-C. (env. 190). Paris, musée du Louvre.

126

127. Khajurâho (Inde), *Nayika* (détail), début du XIe siècle.

128. Réplique antique de l'*Aphrodite de Cnide* de Praxitèle. Paris, musée du Louvre.

129. Pythagoras de Rhegium (attr. à), *Aurige* (détail), env. 480-475 av. J.-C. Delphes, musée.
130. Praxitèle, *Hermès* (détail), fin du IVe siècle av. J.-C. (env. 340). Olympie, musée.

sionnisme idéalisateur. D'où, le dialogue passionné de l'art italien avec l'antique, lorsque l'Italie, substituant à son tour l'admiration à la vénération, attendit de l'art, l'image exemplaire de la femme et la représentation convaincante du héros. L'antique, et lui seul : ni l'art étrusque, ni les styles successifs de la Grèce, mais l'ensemble des œuvres hellénistiques et des copies romaines, qui exprimait une antiquité symbolique et globale. Lysippe, exprimant Alexandre, exprimait aussi Thémistocle. La gloire de Phidias, jusqu'à l'exposition des fragments rapportés à Londres par lord Elgin, reposa sur les textes : Michel-Ange, que bouleversa le *Laocoon*, ne vit jamais une figure du Parthénon ; Poussin, pas davantage. L'histoire de l'art grec était pour eux celle d'une idéalisation exemplaire, et que nul n'égalait. La barbarie l'avait ignorée, la civilisation l'avait ressuscitée. Le style suprême était aussi le style immortel, dont les autres n'étaient que l'enfance ou le déclin. La grande sculpture, la seule vraie sculpture, c'était les antiques. Ainsi pensaient Donatello et Michel-Ange ; et Canova, qui devait découvrir les fragments du Parthénon avec stupéfaction ; et Delacroix, pour notre propre stupéfaction.

Cette sculpture antique est celle des salles *désertes* de nos musées. Mais même lorsqu'elle éblouit Michel-Ange, elle était l'œuvre d'une métamorphose fondamentale. Souvent par la présence de la mutilation, par celle de la patine des bronzes, que la Grèce avait toujours effacée — donc par la présence du temps : pour la première fois depuis mille ans, ce n'était plus celle de la mort, mais de l'immortalité. Aussi par l'absence du décor qui avait entouré ces figures de dieux, de déesses, d'empereurs divinisés ; et avant tout, parce qu'elles renaissaient sans leur divinité. Même si Alexandrie avait cru distraitement à Vénus, Vénus avait fait partie de sa civilisation ; son image s'y était élaborée dans l'âme des hommes, elle n'y était pas née de l'invention d'un artiste. Elle s'y était référée à un rêve séculaire, non au seul nu d'une maîtresse. Si l'*Aphrodite* de Praxitèle avait été un portrait embelli de Phryné, c'est que Phryné y était devenue Aphrodite. L'art avait été en Grèce le moyen de donner forme aux dieux, et ces dieux devenaient en Italie les figures qui suscitaient les formes privilégiées de l'art.

L'antique qui ressuscitait comme l'idéalisation de modèles disparus ou imaginaires, ne se référait qu'aux vivants — et à l'art. Le Musée Imaginaire naît d'une métamorphose aussi profonde que celle dont naquirent les premières collections italiennes : comme les dieux antiques lors de la Renaissance, les dieux qui ressuscitent devant nous sont amputés de leur divinité.

Si les statues pouvaient retrouver leur âme originelle, les musées appelleraient la plus vaste prière que la terre ait connue ; si nous éprouvions les sentiments qu'éprouvaient les premiers spectateurs d'un Double égyptien, d'un crucifix roman, nous ne pourrions laisser ceux-ci au Louvre. Nous savons que tous les arts du sacré, tous les arts de la foi, sont entraînés par la métamorphose ; que pour le chrétien Cézanne, un crucifix roman est une sculpture et non le Christ, la *Vierge* de Cimabué est un tableau et non la Vierge ; que les statues des pharaons ne sont des Doubles pour personne. Depuis les dieux de Sumer jusqu'à nos anges et à nos saints, tous ces arts ont exprimé un monde qui existait plus que celui de la terre, parce qu'il était celui de l'éternel. Leurs œuvres ont fait déserter les salles des antiques — mais non celles où Florence et Rome crurent devoir leur génie à un dialogue avec l'antiquité. L'Italie nous apparaît comme si sa résurrection de la Fable, et d'abord de Vénus, lui avait permis de peindre ce qui n'existe pour personne, de lui donner par l'art une valeur égale à celle des figures de la foi, puis de peindre les hommes, les saints, la Vierge, le Christ et jusqu'aux paysages, comme les images d'un prestigieux irréel. Devant elle, il semble que la métamorphose s'arrête, laisse place au plus simple héritage. Mais si jamais Athènes n'a reçu tant de touristes, notre Grèce élue finit au Parthénon — où commençait hier celle de l'Europe...

L'expression du monde de l'irréel unit de façon délibérée la création poétique à la création artistique. Les travaux modernes sur l'art, orientés par le caractère spécifique de nos propres arts, ont dédaigné le plus souvent l'union de ces deux créations*. Autant vaudrait dédaigner le Christ pour comprendre la sculpture des cathédrales. Le domaine de la poésie qui émane des œuvres d'art est confus, parce qu'il mêle Sumer et l'Acropole, Venise et Memphis, Ajantâ, Chartres, Florence, les grottes de l'Asie au bord de leurs fleuves lents et les ruines mexicaines dans l'épaisse végétation des terres chaudes ; Michel-Ange, Piero della Francesca et le maître de la *Pietà* de Villeneuve, Rembrandt et le sculpteur de Chéops... La seule énumération des villes d'art semble un poème de la *Légende des Siècles*. Les grandes œuvres religieuses sont inséparables d'une puissante poésie, et deviennent poésie autant qu'elles deviennent art lorsque leur Vérité les quitte, mais la poésie y est toujours subordonnée à la foi et, presque toujours, moyen d'expression de la foi. Alors que dans l'art de l'Irréel (comme dans certains arts de l'Extrême-Orient), la peinture devient moyen d'expression de la poésie — et souvent, son moyen

---

* Entre 1950 et 1960, les déclarations faites par les peintres à la radio, de Braque à Soulages — donc trois générations — rendent une place éminente à la poésie.

131

d'expression privilégié. Shakespeare naît l'année de la mort de Michel-Ange, mais que sont les poètes de la Renaissance en face de Botticelli, de Piero di Cosimo, de Léonard, des Grands Vénitiens ? Et quels vers français contemporains de Watteau sont dignes de lui ?

La distinction qui se fait aujourd'hui entre les moyens spécifiques de la peinture et ses moyens de poésie est aussi confuse que celle entre forme et contenu. Il y eut là un indivisible domaine.

« La peinture, écrit Léonard, est une poésie *qui se voit.* » Depuis les premières mythologies toscanes jusqu'à la fin de Venise, la peinture italienne est l'une des plus manifestes entreprises de poésie que le monde ait connues. En Perse, aux Indes, la peinture qui n'illustre pas les textes sacrés illustre les poèmes ; en Extrême-Orient, le poème figure sur le paysage, et l'œuvre n'est pas pleinement saisissable sans lui. Plutôt que d'exclure la poésie de la peinture, mieux vaudrait s'apercevoir que presque toutes les grandes œuvres plastiques lui sont liées. Quand un réaliste a du génie, elle le trouve sans qu'il la cherche. Comment ne pas voir celle de Vermeer, de Chardin, de Breughel et des grands Courbets ?

N'admirons-nous de Jérôme Bosch, de Titien, que leur couleur ? Si réaliste que paraisse la couleur de Bosch, elle unit son *Escamoteur* à la réverbération de ses incendies sur les plaines de neige de l'enfer, et le fantastique féerique n'est pas plus séparable de la peinture de Titien, que le fantastique infernal ne l'est de celle du « Fayseur de Diables ». Ce qui sépare les portraits de Rembrandt de presque tous ceux de Hals, n'est-ce que la différence entre deux palettes ? Et même ce qui sépare *les Régents* à Haarlem, des *Arquebusiers* ? La féerie s'achève dans la ville la plus irréelle de l'Europe, par le ballet onirique de Guardi...

C'est d'ailleurs à travers un onirisme plus profond que celui de Guardi, que notre époque (après une réaction contre l'exaltation romantique et préraphaélite) redécouvre à tâtons le poème de la peinture : un onirisme lié à des moyens proprement picturaux, comme ceux de Bosch ou Piero di Cosimo et comme, dans un domaine différent, ceux de l'aventure poétique délibérée que fut souvent le maniérisme. Même lorsque la Fable est reine, l'allongement des figures, la transparence des voiles, l'arabesque si souvent apparentée à celle de la glyptique plutôt qu'à

---

131. Piero di Cosimo, *La Mort de Procris*. Londres, National Gallery.

132

celle d'Alexandrie, la couleur arbitraire, sont bien des moyens plastiques. C'est le maniérisme qui invente l'harmonie dissonante que reprendront les baroques espagnols. Mais toutes ces Vénus, ces Dianes, en Danaés à la raide nonchalance d'intailles, appellent le mystère de l'*Eva Prima Pandora*, de *la Cave*, de la *Sémélé* de Caron, du char aux chevaux sombres qui emporte la Proserpine de Niccolò dell'Abbate vers les gorges funèbres.

Nous sommes immédiatement sensibles à cette poésie, parce qu'elle s'accorde à celle de notre temps. Nous savons que Piero di Cosimo est un frère de Chirico ; nous avons retrouvé les eaux-fortes inachevées par lesquelles Rembrandt rejoint notre mystère. Mais ne nous méprenons pas au sien.

Notre poésie de secte compose volontiers son univers selon les perspectives du rêve et de l'irrationnel. Sans

132. Niccolò dell'Abbate, *L'Enlèvement de Proserpine* (détail). Paris, musée du Louvre.

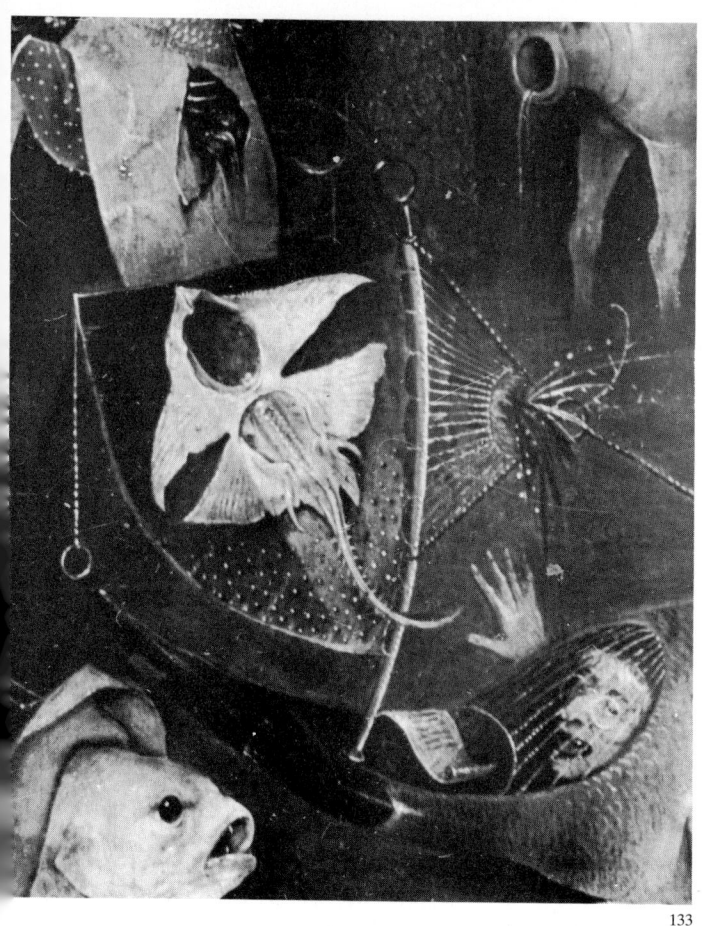

doute toute poésie est-elle irrationnelle, en ce qu'elle substitue, à la relation « établie » des choses entre elles, un nouveau système de relations. Mais cette conquête, bien avant de peupler la solitude d'un artiste, a été la possession d'un éblouissement, la conquête panique de la joie

133. Bosch, *La Tentation de saint Antoine* (détail), env. 1500. Lisbonne, Museu Nacional de Arte Antigua.

terrestre ou de la nuit constellée, sur la présence solennelle des Mères ou le sommeil des dieux. Mallarmé n'est pas un plus grand poète qu'Homère ou que Shakespeare ; Piero di Cosimo, que Titien. Le songe n'a pas toujours vaincu le poème de l'exaltation : la Nuit de Baudelaire rejoint celle de Michel-Ange, elle ne l'efface pas.

Après avoir été le moyen de création d'un univers sacré, la peinture fut principalement, pendant des siècles, le moyen de conquête d'un univers qui n'était pas exclusivement pictural. On disait alors : les grands sujets — et dans grands sujets, il y a : grands. Lorsque naquit l'art moderne, la peinture officielle avait remplacé cette conquête par la soumission de l'artiste à un spectacle romanesque ou sentimental, souvent lié à l'histoire — à

---

134. Rembrandt, *Le Peintre dessinant d'après le modèle*. Paris, Bibliothèque nationale, Cabinet des Estampes.

135. Michel-Ange, *La Nuit* (détail), 1520-1533. Florence, San Lorenzo, chapelle Médicis.

136. Léonard de Vinci, *Sainte Anne, la Vierge et l'Enfant* (détail), 1506-1511. Paris, musée du Louvre.

137. Rembrandt, *Le Retour de l'Enfant prodigue* (détail), env. 1668-1669. Saint-Pétersbourg, musée de l'Ermitage.

un théâtre délivré de son étroite scène, sinon de ses gestes. Contre ce réalisme de l'imaginaire, la peinture retrouva la poésie en cessant d'illustrer celle des historiens et de satisfaire celle des promeneurs : *en créant la sienne. La Montagne Noire* de Cézanne, *le Moulin de la Galette* de Renoir, les *Cavaliers sur la plage* de Gauguin, *les Fables* de Chagall, les fêtes galantes de Dufy, les fantômes aigus de Klee ne tirent pas leur poésie de ce qu'ils représentent, mais se servent de ce qu'ils représentent pour trouver leur poésie spécifique. Le dessin de Goya nous atteint, non la représentation des innombrables martyres de l'académisme baroque. Et Piero, et Rembrandt... Nous acceptons d'être séduits par l'harmonie des roses et des gris de *l'Enseigne de Gersaint*, non par l'appel de Boucher ou d'un alexandrin à notre sensualité, d'un Bolonais ou de Greuze à notre sentimentalité : par *le Vieux Roi* de Rouault, non par le Napoléon sur la route boueuse du *1814* de Meissonier. Si les sujets des officiels sont des succédanés, c'est que, loin d'être suscités par l'art de ceux qui les peignent, ils sont des modèles à quoi cet art se soumet. Titien ne « reprodui-

138. Meissonier, *1814*, 1864. Paris, musée d'Orsay.

139. Rouault, *Le Vieux Roi*, 1937. Pittsburgh, Museum of Art, Carnegie Institute.

sait » pas d'imaginaires tableaux vivants, il arrachait Vénus à la nuit de Cadore. Léonard, Rembrandt, Goya, cherchent et découvrent l'expression poétique comme l'expression picturale, et souvent en même temps ; les pendus de Pisanello, le lointain diurne de Léonard et le lointain nocturne de Bosch, la lumière de Rembrandt, les fantômes de Goya, appartiennent à l'une et à l'autre. *Le Fils prodigue* est suscité par l'art de Rembrandt, Cythère par celui de Watteau, les apparitions par celui de Goya, comme la *Nuit* par celui de Michel-Ange. Cet art est poésie comme une plante fleurit.

Pourtant l'expression de cette poésie a subi une métamorphose parente de celle qu'ont subie les expressions du sacré de Sumer ou de l'Égypte, de la foi romane, du divin hellénique surtout. Bien que l'objet — tableau ou statue — se soit peu modifié, bien qu'il appartienne à une civilisation que la nôtre continue directement, l'œuvre a changé de nature. Semblables en cela au bas-relief des Panathénées où s'était posé le premier papillon, la *Vénus* de Botticelli, le *David* de Donatello, la *Nuit* de Michel-Ange, le *Colleoni* ne seront plus jamais des apparitions. Comme le pouvoir de révélation qui avait suscité les premières images saisissantes des dieux sumériens et le premier visage par lequel le Christ échappa au signe, le pouvoir démiurgique des maîtres de l'Irréel n'est plus pour nous qu'un pouvoir artistique. Dans la métamorphose, le peuple de l'irréel se mêle à celui de la foi, et la Nuit, comme le crucifix, est devenue sculpture ; Danaé, comme la Vierge, est devenue tableau.

Comme la Vierge — et comme le portrait, le paysage et la nature morte : une même métamorphose touche, à des degrés différents, ce qui se réclame de la terre, et ce qui réclame du rêve ou du ciel.

L'Europe appelle réalistes deux arts différents. L'un se définit par des valeurs opposées à la spiritualisation ou à l'idéalisation : certaines figures gothiques, le Caravage, les Bamboche, Goya. L'autre, par un illusionnisme dont le maître, indépendamment de son génie, demeure Jean Van Eyck : le réalisme des gueux et l'illusionnisme du trompe-l'œil.

L'intérêt majeur porté à l'illusionnisme n'est évidemment pas né du trompe-l'œil, mais du portrait. Qu'il semble échapper ou non à son époque, le portrait délivre du temps son modèle ; les premiers grands portraits occidentaux qui libéraient du temps et de la mort les visages humains, ne furent sans doute pas moins des apparitions que les Vénus ; la fureur de l'Islam devant les représentations humaines tint, entre autres causes, à ce que les personnages peints ne vieillissaient pas — à la victoire du peintre sur la mort. Le portrait n'échappe pas à son époque, quelle que soit la puissance d'imitation de son auteur ; nous disons que celle de Van Eyck n'a pas été dépassée, mais nous appelons ses portraits, des primitifs. Ce qui va de soi pour *le Couple Arnolfini*, en raison de la scène, des costumes, du décor ; ce qui va beaucoup moins de soi pour *l'Homme au turban*. Même si Van Eyck croyait ne se référer qu'à son modèle, il se référait aussi à la peinture religieuse flamande qui précédait la sienne, et ses portraits sont des portraits de donateurs qui ont perdu leurs saints ; de plus, le cadrage, la relation de la figure avec le fond, appartiennent pour nous à l'histoire de l'art. Les moyens d'illusion par lesquels les portraits postérieurs, ceux de Rubens par exemple, ont rejeté ceux de Van Eyck au passé ne sont pas des moyens d'imitation, mais de suggestion : le raccourci, l'éclairage, l'espace, et même une certaine liberté du pinceau — enfin, la suggestion de mouvements possibles, le sentiment d'une immobilité *saisie* et non « posée » (si puissant dans le dessin de l'Extrême-Orient, qui ignore le trompe-l'œil). Un portrait de Rubens n'est pas destiné à susciter les mêmes sentiments qu'un portrait de Van Eyck, fût-ce chez son modèle. Et toute volonté d'art réaliste est inséparable d'une intention, dont l'imitation n'est que le moyen. Cette intention, qui anime presque tout le réalisme des gueux et des monstres, est souvent suscitée par la lutte contre une idéalisation, elle n'échappe pas plus à l'époque, ni à la métamorphose, que l'idéalisation qu'elle combat. Nous pouvons dater les œuvres réalistes à l'égal des œuvres idéalisées, et ni les natures mortes, ni même les trompe-l'œil du XVIIIe ne se confondent avec ceux du XVe. Une même métamorphose emporte la coupe de fruits du Caravage, ses saints palefreniers et les Vierges des Carrache.

Mais la coupe de fruits du Caravage est un tableau de chevalet ; la plupart des scènes réalistes le sont aussi. Ces œuvres sont transportables, destinées d'ordinaire à des appartements ; si leur métamorphose nous semble moins manifeste que celle d'œuvres différentes, c'est, entre autres raisons, qu'une toile passe aisément d'une maison hollandaise du XVIIe siècle au musée d'Amsterdam, alors qu'une statue passe moins aisément d'un tombeau d'Égypte au musée du Caire.

La possession privée des statues et des tableaux, leur dépendance de l'ameublement, nous ont fait oublier ou ignorer que la plupart des civilisations ont créé l'œuvre d'art pour un lieu privilégié. Le palais le fut pendant quelques siècles. L'hypogée, le sanctuaire, la façade du temple, le tombeau, la grotte sacrée, l'ont été de façon beaucoup plus profonde, souvent plus durable — et plus révélatrice. Parce qu'ils ne sont pas des lieux de luxe ou de prestige, mais d'autre monde. Ce que nous montre la

140

141

140. Art égyptien, *Le Grand Prêtre Rênéfer* (détail), Ancien Empire, V[e] dynastie. Le Caire, musée.
141. Art égyptien, *Osiris*. Paris, musée du Louvre.

première cathédrale venue, et tous les tombeaux d'Égypte encore en place.

Le sculpteur a manifestement sculpté, dans l'hypogée, une statue destinée à faire accéder le mort qu'elle représente, à un monde différent de celui de la terre, à un monde d'éternité : à un autre monde. La fonction de la statue en tant qu'objet, est de représenter le mort ; la fonction de la création artistique égyptienne, celle du style égyptien tout entier, est de créer les formes par lesquelles ce mort ne devient point un cadavre — la raideur égyptienne appartient à tous les arts sacrés — mais une figure promise à l'éternité. Cette statue n'est point une imitation (au sens où peut l'être une photographie) qui se trouverait douée, par accident ou par génie, d'une aura particulière ; on l'a sculptée *pour* être un *Double* : son créateur peut la juger supérieure à telle autre statue en tant que double ; mais si elle cesse d'être un double, elle n'est plus rien. Elle appartient à un monde particulier, de l'éternité et non de la terre : c'est le monde des hypogées, et celui des statues funéraires. Le sculpteur, quand il commence à sculpter, entreprend une image du prêtre Rahotep, du général Rênéfer, de la reine Néfertiti ; il entreprend aussi une statue destinée à rivaliser avec des statues d'une signification déterminée, dans un lieu déterminé.

Il en va de même de tous les arts que nous avons ressuscités ; et, plus subtilement, de ceux que nous avons hérités. Il ne s'agit pas de l'accord de la sculpture ou de la peinture avec une architecture (les grottes de l'Asie n'ont pas d'architecture), mais avec un lieu surnaturel, avec la présence des dieux, des démons, des morts. Cet accord est manifeste entre la ronde-bosse mésopotamienne ou mexicaine et le sanctuaire, entre le bas-relief assyrien ou perse et le palais sacré, entre la sculpture hindouïste, bouddhiste ou sassanide et la montagne, entre la mosaïque byzantine et la basilique chrétienne. Il l'est moins entre la sculpture gothique et la cathédrale ; pourtant, si la Vierge de Reims ressemble à une Champenoise (mais les « doubles » de Rênéfer, de Tout-Ankh-Amon ne ressemblent-ils pas à leur modèle ?) elle n'est pas une Champenoise conçue pour un palais, pour un musée, ou pour « l'art ». Toutes les formes majeures de l'art gothique s'élaborent pour la cathédrale, qui est ce qu'était hier encore la mosquée : au centre d'un enchevêtrement de ruelles, le vaste et solennel monde de Dieu. Lieu d'autre monde comme l'était le sanctuaire roman ou byzantin, le temple construit qui, dans l'Inde, succède à ceux des cavernes ; comme l'avait été, à d'autres fins, le tombeau sumérien ou l'hypogée. Et dont l'action nous aurait intrigués plus tôt, sans l'équivoque apportée par le cadre, née avec la peinture occidentale des temps modernes, et plus précisément, avec les tableaux de chevalet. Nul n'oserait orner d'un cadre traditionnel une fresque hindoue, bouddhique ou romane. Ces fresques n'étaient point isolées comme elles le deviennent sur le mur du musée : à Ajantâ, à Saint-Savin, à la chapelle des Scrovegni, elles étaient incorporées au sanctuaire (malgré telles bordures parfois), comme l'avaient été les mosaïques et les vitraux ; l'indépendance de la scène semble naître lorsque le tableau devient mobile.

Le christianisme oriental ne connaît pas le cadre : le revêtement précieux de l'icône n'est pas un cadre, c'est un lien avec le sanctuaire à travers l'iconostase ; c'est l'opposé de l'imaginaire « fenêtre ouverte » qui définira le tableau occidental. Mais ce tableau n'est point né dans une fenêtre ouverte, fût-elle imaginaire ; il est né, comme l'icône, avec sa coquille : il est né retable. Et le cadre du retable n'avait nullement pour rôle d'en embellir les parties : il avait pour rôle de maintenir ou d'assurer le lien entre le spectacle figuré par le tableau religieux, et le lieu de culte. Si tant de retables ressemblent à des morceaux

142

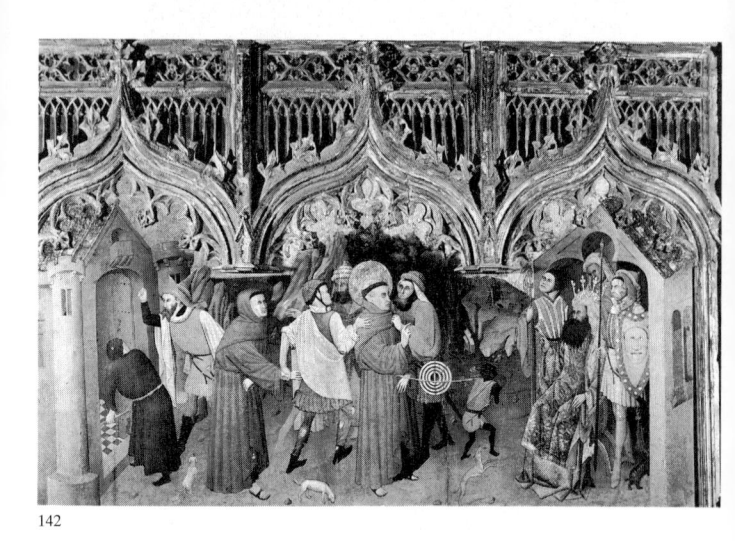

de cathédrales, ce n'est pas par une recherche d'unité de style, semblable à celles qui s'établiront plus tard ; c'est que ces gâbles, ces pinacles, contribuent à maintenir dans le monde de Dieu l'image religieuse qui semble de plus en plus glisser dans le monde des hommes. Ils sont autour du tableau, mais ils sont aussi, souvent, dans le tableau. Au XVe siècle, la nef de la cathédrale devient le *fond* sur lequel se détachent la Madone et même la Crucifixion. Quand « la nature » (la nature illusionniste que découvriront l'Italie et la Flandre, non le paysage aux rochers byzantins hérité des mosaïques, qui est à cette nature ce que la Vierge des icônes est à celle du XVIe siècle) remplace autour des scènes sacrées des tableaux la cathédrale imaginaire, le cadre apparaît, mais la peinture sacrée disparaît. Car celle-ci avait été créée pour s'unir, en corps comme en âme, au lieu sacré auquel elle appartenait.

142. Nicolás Francés, *Retable de la Vierge* (détail). Madrid, musée du Prado.

143. Van der Weyden, *Retable des sept sacrements* (panneau central). Anvers, Musée royal.

La façade du Parthénon — qui couronnait les Panathénées comme l'autel des cathédrales sacrait les processions —, la place antique, avaient apporté à leur art le décor et l'esprit que les lieux sacrés avaient apportés aux arts sacrés. L'*Athéna* de Phidias avait été sculptée pour l'Acropole. Les palais romains avaient sans doute dispensé, aux statues qui leur étaient destinées, un lourd monde irréel dont Piranèse inventera le fantôme. Le Vatican, le palais des Doges, celui de Versailles, nous montrent que l'action des cathédrales de l'Irréel sur l'art ne se limite ni à celle de l'architecture ni à celle du luxe. Si nous prenons mal conscience de l'étendue de la métamorphose qu'impose à des images créées pour le tombeau, le sanctuaire ou la cathédrale, leur passage au musée ou au Musée Imaginaire, c'est que l'Europe, oubliant le lieu surnaturel pour lequel elles étaient nées, les accueillit comme elle accueillait les œuvres qu'elle avait jusque-là élues. Entrant au musée du Louvre, elles trouvaient un autre lieu préservé, qui était le musée lui-même ; mais elles y rejoignaient la gloire de la *Vénus de Milo*, des tableaux du Salon Carré, en tant qu'interprétations des modèles qu'elles représentaient. Lorsqu'une statue égyptienne ou médiévale pénétrait au Louvre comme compagne des statues qu'il rassemblait, on parlait d'elle comme si elle se fût référée à un « modèle » ; toutes se référaient à ce que Giotto avait appelé la nature.

Cinquante ans avant Giotto, les vitraux de Chartres, les mosaïques du baptistère de Florence, représentaient manifestement des personnages, ils ne les imitaient pas : leur style les séparait de la nature, qui était d'abord le monde des hommes, pour les annexer au monde de la cathédrale ou du baptistère, qui était le monde de Dieu. Au XVIe siècle, la scène religieuse ne se référait plus à la Maison de Dieu mais à la nature ; les formes de l'art ne se référaient plus à la transcendance, qu'en accord avec le témoignage de nos sens. La peinture devenue l'art majeur, la nature devint si bien son domaine de références, que les Européens, pendant plus de trois siècles, ne purent concevoir un art véritable qui ne lui fût soumis. Non pas les champs et les bois, car le paysage naît assez tard ; moins encore la nature cosmique et fraternelle, les montagnes, les eaux, les forêts et les bêtes dont la peinture extrême-orientale fixe librement les signes sereins ou frémissants ; pas exactement un modèle, mais un « domaine de vérité » dont se réclamaient à la fois le réalisme pour se soumettre à elle, l'idéalisation pour se fonder sur elle (et Molière et Racine...). Ceux qui dédaignaient ses personnages mortels ne concevaient l'Hadès et les Champs Élyséens que selon son espace ; elle devenait l'invincible *englobant* que les Occidentaux imitaient même lorsqu'ils l'imitaient au service du rêve, le domaine commun dans lequel Poussin et Goya, et tous les frères ennemis de l'Europe, s'unissent quand nous les rapprochons de n'importe quelle œuvre romane, byzantine ou extrême-orientale — lorsque nous les rapprochons des chefs-d'œuvre de toutes les peintures du monde, à l'exception de la leur. Le musée dans lequel une figure de Courbet est sœur d'une figure de Van Eyck et même de Léonard, mais non de la *Théodora* de Ravenne.

Le triomphe de cette référence à la nature eût suffi à rejeter dans les limbes de la maladresse ou de la vénération, tout l'art sacré du christianisme... Le mot « nature », toujours chargé de sens superposés, devenu prestigieux depuis le XVIIIe siècle, apporta, aux œuvres que rassemblait le musée jusqu'au temps où le développement du paysage atteignit son apogée dans l'impressionnisme, la seule référence commune. Les premières annexions du musée, notamment celle des primitifs, loin de la mettre en question, la confirmèrent. Pour Vasari, le génie de Giotto avait été de substituer la nature à la convention, et beaucoup admiraient dans l'art gothique, contre la convention romane, ce que Vasari avait admiré en Giotto contre la convention byzantine. Le préjugé de la maladresse, convaincant lorsqu'il s'appliquait aux œuvres d'esprits « gothiques » ou barbares, l'était moins lorsqu'il devait s'appliquer à des empires qui avaient construit les plus vastes monuments du monde, et dont sculpteurs et joailliers possédaient une habileté insigne. Mais la frontalité, l'œil de profil, l'hiératisme ne s'accordant pas au témoignage de nos sens, l'art égyptien demeurait le plus grand art primitif de l'humanité. La vaste entreprise d'idéalisation léguée par la sculpture antique à la peinture italienne, et dans laquelle l'Europe avait vu le sommet manifeste de l'art, était inséparable de la nature, de l'atmosphère, de l'ombre, de l'« englobant » dont elle avait fait le plus puissant moyen de fiction. La nature était la scène où se jouaient les spectacles imaginaires soumis au témoignage de nos sens, et ce théâtre commun assurait la référence commune à laquelle étaient soumises les œuvres d'art.

Les grands artistes avaient toujours connu un monde distinct de celui du témoignage de nos sens, fût-ce secrètement, et dont ils savaient qu'il appartenait à leur propre création ; même des maîtres fort conscients d'un pouvoir spécifique de la couleur, car Rubens, Rembrandt, Watteau ne se tinrent pas seulement pour des dispensateurs de rêves, ni Chardin pour un amateur de pichets. Mais si aucun des génies de l'irréel n'avait confondu ses œuvres avec leur projection dans l'imaginaire, tous l'avaient permise. Corot, contemporain d'Ingres et de Delacroix, ne croyait qu'à la nature, dont ils se réclamaient comme lui ; Manet, qui ne se soumet plus qu'allusivement au témoignage de ses sens, défend *Olympia* au nom de la libre interprétation de la nature, qu'exalte encore Cézanne.

La rupture ne sera consommée qu'avec le cubisme.

Les esthètes de la fin du siècle préféraient la peinture de Botticelli à celle de Raphaël, *et* les femmes qui ressemblaient aux nymphes du *Printemps*, à celles qui ressemblaient à la *Galatée* de la Farnésine ; Sarah Bernhardt croyait encore mettre en scène Byzance, parce que ses metteurs en scène confondaient l'art byzantin avec un pré-botticellisme. Un art à deux dimensions, fût-il la mosaïque de Ravenne, peut agir sur la mode, sur les gestes — surtout par la préciosité, ainsi que nous le montrent l'Asie depuis la Perse jusqu'au Japon, et le maniérisme de l'enluminure gothique — mais il ne dispose pas de la force que le théâtre de l'Illusion apportait à ses toiles. Et même la mosaïque se réfère alors à « la nature », bien que confusément.

Rembrandt, lorsqu'il semble copier des miniatures indiennes, peut les annexer à son art par quelques ombres, quelques brisures du trait continu de son modèle, quelques allusions à la profondeur ; une telle opération devient impraticable si nous imaginons de remplacer la miniature indienne par un papier collé de Braque. Et l'on

144. École moghole, *L'Empereur Tamerlan sur son trône* (détail). Vienne, château de Schönbrunn.
145. Rembrandt, *L'Empereur Tamerlan sur son trône*, 1654-1656. Paris, musée du Louvre.

146. Picasso, *Portrait d'Ambroise Vollard*, 1909-1910. Moscou, musée Pouchkine.

peut préférer les femmes de Botticelli à celles de Raphaël, mais nul ne peut préférer aux femmes de Botticelli, et même à celles des mosaïques de Ravenne ou des peintures persanes, chinoises et japonaises, les femmes qui ressembleraient à des personnages de toiles cubistes, car un portrait cubiste peut ressembler allusivement à son modèle (le *Vollard* et le *Kahnweiler* de Picasso, par exemple) mais il ne permet pas de l'imaginer — surtout ressemblant au tableau.

L'enchantement dont la peinture avait été l'inépuisable pourvoyeuse s'efface devant la peinture même, pendant qu'entrent au Musée Imaginaire les figures et les spectacles que ne pouvait accueillir l'opéra joué naguère pour l'esprit occidental, par l'assemblée des chefs-d'œuvre du Louvre. Aux prophètes de Byzance, aux saints des vitraux, aux dieux de l'Orient et de l'Asie, aux Ancêtres africains — tous étrangers à l'illusionnisme, comme les tableaux cubistes — cette assemblée ne peut offrir l'hospitalité que le génie de l'Italie avait offerte à Rubens et à Rembrandt. Car la nature unit l'art au théâtre de l'Illusion, alors que le sacré sépare l'art du témoignage de nos sens : les figures grecques étaient admirées parce qu'elles ressemblent aux hommes, les figures sacrées l'étaient parce qu'elles ne leur ressemblent pas. Peu à peu, la référence à la nature devient l'un des caractères comiques du non-artiste...

Ainsi cesse le primat de cette nature qui avait mêlé la campagne, le modèle d'atelier, l'ombre, la profondeur, la vérité, ce que nous voyons, ce que nous savons, notre observation la plus attentive et nos rêves les plus singuliers ; l'atmosphère dans laquelle vivait l'œuvre d'art depuis quelques siècles, comme elle avait vécu pendant des millénaires dans l'ombre du lieu sacré. Mais cet « englobant » était le lieu de la relation de l'homme avec le cosmos ; le musée occidental avait été le musée de

147. Léonard de Vinci, *Saint Jean-Baptiste* (détail), env. 1509-1512. Paris, musée du Louvre.

148. Torcello, *Tête d'un jeune saint*, dernier quart du XIIe siècle. Torcello, musée provincial.

149. Velazquez, *Les Ménines*, 1656. Madrid, musée du Prado.

cette relation-là. Les figures qui ressuscitent, ou que nous héritons de civilisations hétérogènes, n'avaient pas été soumises à cette nature. Elles ne pouvaient y pénétrer ; mais alliées aux œuvres de l'art moderne, elles pouvaient la détruire, comme elles allaient détruire l'ombre de Velazquez, l'ombre née avec Léonard et morte avec Courbet.

Il va de soi que l'immense métamorphose qui avait fait, de la volonté d'exprimer le surnaturel, une maladroite intention d'imiter la nature — instituant celle-ci juge du surnaturel, et effaçant ainsi un millénaire d'art chrétien — était inséparable d'une métamorphose du regard. La création de tout grand art est inséparable d'une

150. Picasso, *Les Ménines*, 3 octobre 1957. Barcelone, musée Picasso.

telle métamorphose, qui n'appartient point au domaine de la vision, mais de l'attention, et d'une sorte de projection sur l'œuvre, qui mène le spectateur à y *reconnaître* ce qu'il en attend, fétiche ou statue.

Les petits rochers des collections chinoises, qui commencent à pénétrer dans nos musées, deviennent œuvres d'art par le regard de l'artiste — comme, dans un autre domaine, les ready-made. Du moins ne les regardions-nous pas naguère, alors que le XIIe siècle regardait les statues romanes. Mais on ne regarde pas de la même façon une Vierge que l'on prie, la statue d'une Vierge que l'on admire en tant que personnage, et celle d'une Vierge que l'on admire en tant que tableau. Au début de ce siècle, les artistes en prirent une conscience à laquelle la phrase fameuse de Maurice Denis dut sa fortune : « *Avant d'être une Vierge (...) un tableau est une surface couverte de couleurs en un certain ordre assemblées.* » Et une sculpture, un ordre de volumes. Ce qui voulait

151. Pierre naturelle. Zurich, musée Rietberg.

dire : nous appelons tableau, sculpture, œuvre d'art, et non Dieu, divinité ou crucifix, double ou Vierge Noire, ce que nous regardons ainsi. Maurice Denis savait fort bien que quiconque eût affirmé à Giotto, au maître de la *Pietà de Villeneuve*, aux sculpteurs de Chartres ou de Reims, que leurs Vierges étaient des ordres de couleurs ou de volumes *avant* d'être des Vierges, se fût fait rire au nez. Pour ces maîtres comme pour le peuple fidèle, couleurs et volumes n'étaient ordonnés que pour créer des Vierges...

Même Michel-Ange eût dit : « Des volumes doivent être assemblés selon un certain ordre, *afin* qu'une Vierge soit digne de figurer la mère de Dieu. » Sculpture et peinture étaient encore, à ses yeux, des moyens de manifestation du divin ; mais l'œuvre était digne de figurer la Mère si elle appelait la prière, *et* si elle appelait l'admiration. L'effigie égyptienne avait été un Double, la Vierge romane une présence ; la Vierge de Michel-Ange était une statue. Et pour lui, une statue de la Vierge devait appeler l'admiration, comme, pour les maîtres romans, elle avait dû appeler la vénération. Mais cette admiration pouvait être appelée aussi par une figure profane : Brutus, Léda ou la Nuit.

C'est lorsque le christianisme choisit ses moyens d'expression parmi des formes nées au service d'autres dieux, que parut une valeur rivale des valeurs suprêmes qu'elle avait servies. Ni l'Orient ancien, ni le Moyen Age, n'avaient conçu l'idée que nous exprimons par le mot art. La Grèce de Périclès n'avait pas connu de mot pour l'exprimer. Pour que cette idée pût naître, pour que la Rome pontificale pût élire la Rome antique contre Byzance, le passé de son art contre l'art du passé de la chrétienté ; pour qu'un chrétien vît dans une Aphrodite une statue et non une idole, il fallut que les œuvres fussent dégagées du dessein qui les avait suscitées, de la

152. Michel-Ange, *Vierge Médicis* (détail). Florence, San Lorenzo, chapelle Médicis.

153. Catalogne, *La Vierge et l'Enfant* (détail), XIVᵉ siècle (?). Barcelone, musée Marès.

154

fonction qu'elles avaient remplie, et même, au moins en partie, du regard qu'avait posé sur elles leur créateur. La Renaissance supprimait la divinité des dieux qu'elle ressuscitait, pour les transformer en œuvres d'art — et c'est ce que nous faisons. Mais les dieux de l'Antiquité hellénistique et romaine avaient été *aussi* des œuvres d'art au sens où l'entendait Florence, alors que la plupart des chefs-d'œuvre ressuscités par nous sont dus à des artistes pour lesquels l'idée d'art n'existait pas.

Plus l'éventail des résurrections s'étend, plus la métamorphose devient manifeste. Car si Michel-Ange pouvait croire qu'il eût regardé une statue de Lysippe comme on l'avait regardée à la cour d'Alexandre, croire qu'au Vatican elle n'eût fait que changer de palais, ni Picasso ni Giacometti ne croient regarder les masques du Musée de l'Homme comme les Africains pour qui on les sculpta et qui les virent danser. Nous savons que ces masques sont

154. Mali, masques sirige.

nés pour la danse et pour la musique — pour la cérémonie sacrée, le mouvement, le rythme. Mieux nous découvrons le sens des arts qui pour nous s'unissent par leurs

155. Art dogon, masque figurant une antilope. Paris, musée de l'Homme.

formes, plus nous découvrons à quel point ces sens divergent. Quoi de commun entre celui des sculptures érotiques de l'Inde, celui des statues sumériennes et celui des saints romans ? Comment les admirons-nous ensemble, sinon grâce à l'éclatante métamorphose commune qui éclaire la pénombre des métamorphoses particulières ?

Encore n'employons-nous pas sans malaise, le mot : admirer. La Renaissance admirait réellement les antiques. Mais le sentiment que nous éprouvons devant une statue romane, sumérienne, aztèque, n'est pas celui que Michel-Ange appelait admiration, lorsqu'il découvrait le *Laocoon* ou le *Torse* du Vatican.

Nous touchons ici la métamorphose d'un sentiment qui, pendant des siècles, fit partie de l'honneur des hommes cultivés, en un sentiment que nous ne savons plus nommer. Si nous appelons « monde de l'art » notre Musée Imaginaire et celui qu'il appelle à lui succéder, c'est que nous n'avons pas d'autre mot pour l'exprimer ; de même que nous n'en avons aucun pour exprimer le sentiment qu'il nous inspire. Passés de la Méditerranée à la terre, nous employons pour la terre, le vocabulaire de la Méditerranée. La « délectation » de Poussin s'applique pourtant mal aux *Mères* d'Ellorâ, à la *Déesse de la Mort* aztèque, aux masques dogon, à l'*Éternel* de Moissac, au *Dévot Christ* de Perpignan, à Goya, voire à certains Rembrandt. De notre résurrection, c'est précisément la délectation, qui a disparu. Et le monde du Musée Imaginaire n'est pas plus le monde d'admiration de Michel-Ange, que celui-ci n'était le monde de vénération des sculpteurs romans.

Sur la métamorphose du sentiment inspiré par les œuvres d'art, et qui tient d'abord à celle de leur « appartenance », les cadres, de nouveau, font rêver.

156. École de Cologne, *Le « Dévot Christ »* (détail), 1307. Perpignan, cathédrale Saint-Jean.

Du plus transfiguré des portraits de Titien ou de Rembrandt au plus médiocre portrait de Nattier, nous ne regardons pas sans surprise les figures désencadrées : elles nous semblent amputées ou transformées. (Je me souviens des conservateurs français et américains, à qui les restaurations sont pourtant familières, devant *la Joconde* sans cadre.) L'« aura » religieuse du cadre du retable nous fait découvrir l'aura romanesque des cadres profanes. Depuis les petites façades architecturales de la Renaissance, dont les pilastres amenuisent et embellissent le retable comme la peinture d'alors amenuise et embellit la foi ; jusqu'aux écrasantes torsades qui accordent les tableaux au catafalque imaginaire qui obsède l'Espagne ; jusqu'à la profusion de rinceaux fleuris qui semble susciter les portraits de Mesdames de France plutôt que les orner, le cadre joue un rôle de médiateur. Bien entendu, il accorde le tableau, toujours confusément tenu pour un décor, à la décoration du palais, puis de l'appartement ; il fait de l'œuvre d'art un objet d'art. Et il l'annexe au palais comme les stucs du Primatice avaient annexé à Fontainebleau les fresques du Rosso, qui n'apportaient pas seulement à la peinture murale un décor, mais aussi l'orchestre que naguère lui apportait l'église... Pourtant nous retrouvons le cadre sur les murs nus des musées modernes. Il ne semble plus alors accorder le tableau au décor d'un mur qui n'en comporte point, mais suggérer ce décor, rendre la scène figurée, au temps de celui qui l'a peinte. Néanmoins, que nous regardions un portrait de Titien dans un palais de Venise, au Pitti, ou dans la galerie la plus géométrique, comment ne pas voir que son cadre chamarré l'accorde, avant tout, à l'irréel ? Les symbolistes parlaient de certains portraits

157. Le Rosso, *L'Amour châtié par Vénus*.
158. Nattier, *Madame Adélaïde faisant des nœuds*, 1756. Versailles, Pavillon de la lanterne.

159

comme de figures nues dans l'eau dormante ; cette suggestion d'un miroir profond est inséparable de l'usage des cadres, qui entourent aussi les miroirs ; la comparaison perdrait toute action si elle évoquait une glace à main, et ne s'applique pas aux figures des rouleaux de l'Extrême-Orient, ni à celles des fresques. Au temps où il perd son caractère religieux, le cadre profane assure,

159. Nattier, *Madame Adélaïde faisant des nœuds*.
160. Véronèse, *Le Repas chez Simon*, avant 1573. Versailles, Salon d'Hercule.

entre l'œuvre et l'irréel, le lien que le cadre du retable assurait entre l'œuvre religieuse et le surnaturel. L'exécution de tout portrait de Cour, depuis Titien jusqu'à Gainsborough, est orientée par un cadre futur, autant que celle d'un vitrail l'était par la cathédrale à laquelle on le destinait. Le vrai portrait de Madame Adélaïde est le tabernacle profane au centre duquel se trouve son image.

Mais s'il n'est pas surprenant que tel portrait de doge appelle un cadre de Bucentaure, ni que les colonnes de rêve du *Repas chez Simon* appellent les vraies colonnes du Salon d'Hercule, conçues par Mansart pour la gloire du tableau de Véronèse, ni que les portraits des Filles de France soient conçus pour des rocailles, est-il aussi naturel, que la peinture des gueux, des moulins, des pichets et des casseurs de pierre, n'ait pas inventé le tableau sans cadre auquel aboutira l'art moderne ?

Nous sommes troublés de voir Courbet encadrer ses tableaux dans le style de la façade de l'Opéra, alors qu'il les voyait couramment sans cadre, dans son atelier. Car si Giotto n'a jamais vu ses fresques des Scrovegni qu'au mur de cette chapelle, si Van Eyck a moins peint une *Ève* qu'un fragment de retable, tous les peintres, depuis des siècles, connaissent un lieu où les cadres ne jouent aucun rôle, même si on les y trouve : leur atelier. Mais le peintre lui-même tenait pour inachevé, le tableau sans cadre. C'est que le cadre profane traditionnel est né avec le primat de « la nature », en raison de l'ambiguïté essentielle de l'illusionnisme occidental. Le trompe-l'œil n'ayant jamais été qu'un jeu, la peinture devait rivaliser avec l'apparence sans se confondre avec elle ; appartenir à la fois au domaine de l'apparence *et* à un autre, qui, lorsqu'il cessa d'être celui de l'idéalisation, devint celui de « la peinture ». Le cadre, qui avait si bien contribué à transformer les femmes en Vénus et les modèles en portraits, ne contribuait pas moins bien à transformer les pichets en natures mortes.

À partir de l'impressionnisme, les peintres s'accommoderont mal de leurs cadres. Plus mal encore, les conservateurs des musées, qui enserrent de baguettes les Van Gogh d'Amsterdam ou encastrent dans le mur les Monet du Louvre, pour les délivrer des pâtisseries Louis XV ou Second Empire décapées qui les encadraient, et dont l'usage devient inintelligible lorsqu'on oublie qu'ils tentaient ingénument de relier la peinture moderne aux salons anciens. Braque, Rouault, peindront quelquefois leurs propres cadres, qui deviendront alors annexés au tableau ; opération inverse des précédentes, et qui tend seulement à isoler la toile sans laisser paraître le châssis — ce à quoi suffit la moindre baguette lorsque le mur est uni et blanc. Et le musée, lui-même devenu blanc, présente ainsi telles œuvres anciennes. Carpaccio serait troublé par la métamorphose de ses *Courtisanes*...

C'est pourquoi il est très surprenant que nous ne nous apercevions pas que nous sommes en train d'élaborer un monde de l'art d'où *tout* cadre a disparu : c'est celui des livres d'art. Le cadre y est remplacé par la marge. Car le tableau sans marge nous gêne, alors que nous acceptons la fresque *ou le détail*. Cette marge, héritée de la gravure et de la reproduction (mais celles-ci étaient souvent destinées à être encadrées), c'est aussi le mur blanc de la galerie et du musée modernes ; cette toile ancienne désencadrée, c'est *le Bourgmestre Six* tel qu'on le vit dans l'atelier de Rembrandt, *Isabelle de Portugal* dans celui de Titien, *la Joconde* dans celui de Léonard. Mais Rembrandt, Titien, Léonard, savaient qu'ils peignaient des fétiches de l'Irréel comme un sculpteur roman savait qu'il sculptait une Vierge, et comme un sculpteur africain sait qu'il sculpte un Ancêtre. La suppression des cadres est révélatrice : ce qui a disparu du livre d'art avec le cadre du retable, c'est l'église, mais aussi le monde chrétien dans lequel baignait le tableau, le sanctuaire pour lequel il était créé ; ce qui a disparu avec le cadre profane, c'est le palais, mais aussi l'irréel dans lequel baignait le tableau, et pour lequel il était créé. La référence commune à la Nature avait masqué ces mondes particuliers dans lesquels se sont développés les arts successifs — et son abandon révèle la présence secrète d'un nouvel « englobant » dans lequel les unit leur métamorphose.

161. Braque, *Marine*. Paris, collection particulière.

Dire que les saintes, les Danaés, les gueux et les pichets sont devenus des tableaux, que les dieux et les Ancêtres sont devenus des sculptures, c'est dire que toutes ces figures ont quitté, pour notre monde de l'art (qui n'est pas seulement le monde de notre art), celui dans lequel elles étaient créées ; que notre Musée Imaginaire se fonde sur la métamorphose de l'appartenance des œuvres qu'il retient. C'est l'ignorance de cette métamorphose, qui fit si souvent qualifier les musées, de nécropoles. La vie que les œuvres y perdaient, c'était précisément leur appartenance au sanctuaire ou au palais ; c'est pourquoi tant de musées sont encore des palais, et pourquoi le Louvre ne peut accueillir l'art africain. « Poissons tirés de leur aquarium », a-t-on dit un peu vite des tableaux rassemblés dans les musées d'Amérique, oubliant que cette métamorphose conduisait moins de poissons à la mort qu'à l'immortalité. La muséographie ne se contentera plus longtemps de « la meilleure présentation des objets », alors qu'elle cherche confusément à exprimer la mystérieuse unité des œuvres, que lui rappellent constamment les images des livres qu'éditent les musées. Les Grands Vénitiens ont perdu leur cadre et leur palais ? Le lavis d'Extrême-Orient a perdu son rouleau, l'enluminure a perdu son livre, et nous appelons « peinture grecque », quelques mosaïques de cailloux, des fragments de vases et des tessons. Il n'était pas impossible, techniquement, que le *Charles Quint* de Titien conservât son cadre dans les livres ; et les vases, leur forme. Mais cadre, vase, lieux privilégiés, écartaient les images, du langage commun que parle le concile des arts du passé. Le vaste département du Musée Imaginaire qui rassemble les tableaux et les statues, oriente la transformation des vrais musées par une intellectualisation sans précédent de l'art, et par sa destruction des appartenances...

Dans la métamorphose fondamentale qui a conduit à la naissance de notre monde de l'art, convergent maintes métamorphoses mineures. Si une sculpture africaine n'est plus, dans nos musées, le masque de danse qu'elle fut à l'origine, une statue des grottes chinoises, qui n'a pas bougé et que peut-être nous ne verrons jamais, n'est plus ce qu'elle était après la guerre de 1914. La succession banale des découvertes suffit à infléchir les grands styles. Le style chinois fut celui des chinoiseries, puis celui des

162. Art chinois, masque, XIVe-XIIe siècle av. J.-C. Chicago, The Art Institute.

grottes bouddhiques et de la peinture Song, et il change depuis qu'apparaissent les fresques Tang, la peinture des « individualistes », des excentriques, et les bronzes des hautes dynasties ; le masque de Chicago devenu l'une des pièces capitales de l'art chinois, les figures de Long-men, rapprochées de lui, délivrées des magots puis écartées des statues-colonnes, n'ont plus le même accent.

Nous appelons styles les expressions des civilisations par les formes, mais aussi, plus modestement, les groupements de formes. La succession des découvertes, le Musée Imaginaire, la pensée des historiens d'art, se conjuguent pour bouleverser ces groupements, ainsi que nous l'enseignent l'apparition de l'art sumérien, du premier art gothique (tenu jusqu'alors pour roman), du maniérisme. Et maintes œuvres se modifient en changeant de sœurs, comme si elles perdaient leur « appartenance de style ». Notre relation actuelle avec la peinture du Quattrocento le montre bien. Cette peinture reste liée au schéma de Vasari, même si nous n'attachons plus grande importance à celui-ci : une reconquête du dialogue avec l'Antiquité, contre le style d'outre-monts et celui de Byzance, à travers le génie florentin. Tous les musées s'étaient élaborés selon cette perspective. Mais si, avec les derniers maîtres de l'histoire de la peinture italienne, l'on fait de Padoue, et non de Florence, la ville élue des humanistes de la seconde moitié du siècle, si l'on accorde à l'atelier du Squarcione une influence égale à celle des fresques de Masaccio, nous voyons au Musée Imaginaire d'abord, par des expositions bientôt, et plus tard au vrai musée, s'assembler selon un style, des œuvres jusqu'alors éparses, mineures ou liées pour nous à des styles différents. Même si cette perspective historique ne nous convainc pas, ce ne sont pas seulement les tableaux de Padoue qui s'éclairent d'une autre lumière, ce sont ceux de Ferrare, de Mantoue, de l'Italie orientale, toute une famille d'œuvres dont l'intensité chromatique nous mène à découvrir celle qui unit les Vénitiens du premier quart du XVIe siècle et leurs contemporains *allemands*, Grünewald et Altdorfer ; et qui nous font regarder autrement les trophées minéraux de Mantegna, la noueuse arabesque des derniers Botticelli. Tout rapprochement capital appelle, lui aussi, sa métamorphose du

163. Botticelli, *Vénus et Mars*, env. 1483. Londres, National Gallery.

164. Ercole de' Roberti, *Les Amours de Mars et Vénus* (détail), achevé en 1478. Ferrare, palais Schifanoia.

regard, surtout lorsque les tableaux ne rivalisent plus avec des spectacles imaginaires ; et nous n'éprouvons pas les mêmes sentiments devant *le Printemps*, selon que nous pensons aux fresques du palais Schifanoia, ou à la *Galatée* de Raphaël.

Nous sommes d'autant plus sensibles à la fluidité du passé, que nous avons appris que tout grand art modifie ses prédécesseurs par sa seule création. Rembrandt n'est plus tout à fait, après Van Gogh, ce qu'il était après Delacroix. Lorsque Uccello vient au premier plan, le Guerchin disparaît. (Comment s'intéresser au Guerchin ? Comme Velazquez, qui achetait ses tableaux pour le roi d'Espagne.) Et notre Uccello n'est évidemment ni le sien ni celui du XVIIIe siècle ; notre Guerchin pas davantage. Le style de musée, créé par l'accumulation des vernis protecteurs, a uni jusqu'à l'absurde Titien et le Tintoret — en attendant que le nettoyage les délivrât d'une abusive fraternité ; quand le vernis des musées est-il devenu intolérable à leurs conservateurs, sinon quand la peinture est devenue claire ? Toute résurrection projette sur le passé sa soudaine lumière et de vastes pans d'ombre ; Piero della Francesca n'est pas tenu depuis longtemps pour l'un des plus grands peintres du monde, mais depuis qu'il l'est, Raphaël a beaucoup changé.

Un art, aux yeux de ses contemporains, vit de ce qu'il crée, mais aussi de ce qu'il a créé : des arts futurs qu'il semble porter en lui, et que les années limiteront à l'art qui lui succède. Mais bien que la métamorphose lui fasse perdre, à la fois, son accent de découverte et la pluralité de ses promesses, la création qui oriente son avenir lui recompose un passé. Qui donc fait reparaître les statues antiques, des fouilleurs ou des maîtres de la Renaissance qui leur rendent le regard ? Qui rend muets les gothiques, sinon Florence ? Le destin de Phidias est entre les mains de Michel-Ange qui n'a jamais vu ses statues : l'austère génie de Cézanne magnifie les luxuriants Vénitiens qui le désespéraient, et frappe de son sceau fraternel la peinture du Greco ; c'est à la lumière des pauvres bougies dont Van Gogh fou entoure son chapeau de paille pour peindre dans la nuit le Café d'Arles, que reparaît Grünewald. Redingotes du café Guerbois, ombres du café de la Coupole ! À la révolte de plus en plus efficace contre l'apparence, depuis les ateliers des Batignolles jusqu'au Bateau-Lavoir, répond, au siècle le plus sanglant, la résurrection de tous les arts de la terre... La métamorphose n'est pas un accident, elle est la vie même de l'œuvre d'art.

D'où le sentiment de métamorphose *en cours* que nous éprouvons devant le Musée Imaginaire, et, moins directement, devant nos grands musées. Ceux-ci et celui-là ont beaucoup changé, depuis la première édition de ce livre. Le mot cubisme cesse d'être l'étiquette dérisoire d'une révolution capitale ; Kandinsky, Klee, Mondrian, s'unissent à Braque et à Picasso, à Léger et à Gris dans un domaine étranger aux théories, et même aux écoles, car l'École de Paris ne sera que la suite des maîtres de la peinture moderne : ce domaine, c'est celui de la proclamation des droits de l'arbitraire en peinture, de la découverte que la création, en art, peut devenir aussi *contagieuse* que « la beauté ». Le conflit entre figuratifs et non-figuratifs n'a d'importance que par son enjeu, qui fut la liberté du peintre (Pollock commence à *Olympia*...), fût-elle la liberté de trouver de nouvelles figurations. On ne l'abandonnera pas de sitôt. Aux musées d'art moderne, l'art des précurseurs n'est plus celui de la révolution impressionniste : c'est tout art rebelle à la soumission aux spectacles. L'art des vivants — le premier qui ne soit soumis ni au sacré, comme l'art de l'Orient, ni au divin, comme l'art de la Grèce, ni au Christ, comme l'art médiéval, ni à l'Irréel, ni au réalisme — continue à prospecter l'art du passé ; et pour celui-ci « le temps du monde fini » n'a pas commencé. Nous avons découvert hier le linteau de Cluny, les mosaïques de Pella, les vraies fresques de Fontainebleau, les têtes de Palenque, les vases de Han-yang, les bronzes du Louristan, l'art prébouddhique japonais, les statues parthes, les terres cuites Sao, les peintures de Lascaux, l'art rupestre du Sahara. Le grand musée d'art africain n'existe pas encore...

D'autre part, le magnifique chaos des découvertes d'hier s'ordonne fragilement. Les maîtres de Villeneuve

165. Art grec, *Koré dite « la Boudeuse »*, début du Vᵉ siècle av. J.-C. (env. 500). Athènes, musée de l'Acropole.

et de Nouans, Piero della Francesca, Georges de Latour, Uccello, Masaccio, Tura, Breughel, Le Nain, Vermeer, Chardin, Goya (*la Duchesse d'Albe* fut vendue 7 guinées vers 1850), Daumier, ont été, les uns révélés, les autres mis ou remis au premier rang. L'individualisme du XIXe siècle préparait l'accueil fait à un passé multiple, dont les styles oubliés reparaissent de façon moins désordonnée que n'ont reparu les peintres. Leur cortège ressuscite la spiritualisation contre l'idéalisation, l'éternité contre l'immortalité. À Diane, aux nymphes et à Vénus, répondent les divinités mésopotamiennes, la reine Néfertiti, *la Visitation* de Chartres et celle de Reims, l'*Ève* de Bamberg, *les Donatrices* de Naumburg ; le génie des églises romanes, appelé par celui de Cézanne qui ne le connut guère, et servi par la photographie, par le musée des Monuments français, fraternise avec le génie de la Grèce archaïque, de la Chine bouddhique et de l'Inde ; ressuscitant ses propres ancêtres, de Reims à Chartres et de Chartres à Moissac, de Bamberg à Compostelle, à toute la sculpture préromane et à l'art des migrations, il éclaire le génie du Mexique, des Ibères, de Sumer, enfin celui des Noirs et de la Préhistoire. Le mot « primitifs », qui désigna d'abord les peintres du XIVe siècle, désigne aujourd'hui ceux des cavernes, et les sculpteurs océaniens...

Toute cette résurrection, née en Europe, n'a qu'un précédent, européen comme elle : la Renaissance. Et elle a commencé comme une violente Contre-Renaissance. Mais comment la limiter au refus de l'idéalisation, qui semblait l'orienter d'abord ? En même temps qu'elle oppose le style sévère à l'antique traditionnel, la *Koré boudeuse* à la *Vénus de Médicis*, elle découvre un « style sévère » de l'Italie depuis Masaccio jusqu'à Piero della Francesca, elle élit un style sévère de l'humanité où Georges de Latour rejoint Piero, et dont l'ampleur, le

166. Tenayuca (Mexique), *Tête de serpent solaire*, XIVe siècle.

refus de la séduction, unissent Giotto, le Greco et Takanobu aux archaïques grecs et à quelque chose qui leur ressemble en Chine, dans l'Orient ancien, dans la chrétienté : la *Koré boudeuse*, tels *Kwannon* et la *Reine Néfertiti, l'Aurige* et *les Rois* de Chartres. D'autre part, elle découvre une pureté de la couleur qui s'apparente à ce style dénudé, par l'économie des moyens, l'immobilité des personnages et la perfection de l'accord : Corot, Chardin, Vermeer, les petits tableaux de Piero della Francesca. À l'autre pôle, Grünewald, Altdorfer et le chromatisme allemand du début du XVIe siècle, l'irruption de Venise, des paysages de Rubens, puis la stridence et le grand bariolage jusqu'à la sculpture peinte des Nouvelles-Hébrides. Au-delà de l'exaltation de la couleur, la forme qui semble née d'un combat avec toutes les formes, la monnaie gauloise, le plomb de Seine, le masque de fibre de Nouvelle-Bretagne, le masque tordu des chamans eskimos, la tête hiéroglyphe du Mexique...

167. Art dogon, statuette. Paris, collection particulière.

168. Beauvais, *Tête de roi*, fin du XIIe siècle. Beauvais, musée.

Ce dialogue du style sévère de l'humanité avec les Fécondités sumériennes, l'Inde, l'Afrique et les formes de la nuit, ce dialogue ignoré ou rejeté par toutes les civilisations, et né avec nous, s'élabore dans un monde, lui aussi, né avec nous : le monde où chaque chef-d'œuvre a pour témoins tous les autres, et devient chef-d'œuvre d'un art universel dont l'assemblée des œuvres est en train de créer les valeurs inconnues. Une œuvre capitale de l'art byzantin, ce n'est pas seulement un *Prophète* plus accompli que ses rivaux, fût-ce dans l'ordre spirituel, c'est aussi une œuvre digne de toutes celles que nous admirons. Bien que nous sachions ce que les œuvres capitales doivent à leur naissance, elles nous atteignent, à travers la métamorphose, comme des *semblables* ; et à maints égards, le monde de l'art qui a succédé pour nous à la Nature, c'est le monde dans lequel un Çiva d'Ellorâ est à la fois un dieu de l'Inde et le semblable de *l'Aurige*, du *Chevalier-Aigle* de Mexico, d'une statue-colonne, de *la Nuit*, du *Balzac* de Rodin, d'un masque africain... Le monde dans lequel ces images parlent un langage différent, et le même langage : un langage de statues et un langage de sculptures. Et dans ce monde que la métamorphose substitue simultanément à ceux du sacré, de la foi, de l'irréel ou du réel, le nouveau domaine de référence des artistes, c'est le Musée Imaginaire de chacun ; le nouveau domaine de référence de l'art, c'est le Musée Imaginaire de tous.

Si le tableau qui fut un volet ne se réfère plus à son retable, ni à son église, ni même à son surnaturel, et s'il a cessé de se référer à la Nature, il se réfère à la totalité des œuvres connues, originaux et reproductions. Mais si un album consacré au Louvre est censé reproduire le Louvre (encore ne prétend-il en reproduire que les chefs-d'œuvre, ce qui est assez différent, car le Louvre de 1956 est ordonné par l'histoire, et peut-être ses chefs-d'œuvre le sont-ils par la confuse notion de chef-d'œuvre...) *l'ensemble* des ouvrages consacrés à l'art ne reproduit pas un musée qui n'existe pas : il le suggère — et, plus rigoureusement, le constitue. Il n'est pas le témoignage ou le souvenir d'un lieu, comme l'album consacré à la cathédrale de Chartres, au Musée des Offices ou à Versailles : il crée un lieu imaginaire qui n'existe que par lui.

Le plus vaste domaine d'images qu'ait connu l'humanité appelle son sanctuaire comme le surnaturel appelait la cathédrale. Mais ce domaine qui fait du plus vaste Louvre une île, ramène à tous les Louvres ses fidèles, qui sont les leurs. Parce que les disques n'ont pas détruit les concerts ; parce que nous voulons retrouver la perfection particulière ou l'irremplaçable grain de peau, l'âme réelle ou imaginaire qui n'appartiennent qu'à l'original ; parce que le dialogue entre la *Pietà de Villeneuve* et *la Nymphe et le Berger* de Titien, n'est pas tout à fait de même nature que le dialogue entre leurs reproductions. À quel lieu seraient destinées les œuvres de *notre* art, sinon à lui ? Aux appartements de ceux qui les achètent ? On commence d'ordinaire par ne pas les acheter ; et il y a beaucoup à dire sur l'accord des *Grandes Baigneuses* de Cézanne, ou de *Guernica*, avec un salon, même « moderne ». Tout peintre espère que dans un siècle ou deux, ses toiles seront dans les musées. Le respect que l'art inspire à un nombre toujours plus grand d'hommes l'écarte de la possession privée, fait du collectionneur un usufruitier. Même pour les œuvres anciennes la collection est l'antichambre du musée, et en Europe comme au Japon et en Amérique, les grandes collections, de moins en moins transmises et de plus en plus léguées, aboutiront à lui. À un musée qui cherche sa forme, et sera sans doute aussi différent du nôtre, que celui-ci l'est des galeries d'autrefois. Et qui ne trouvera peut-être cette forme que lorsqu'il aura cessé de confondre l'œuvre d'art avec l'objet d'art, lorsque le

Musée Imaginaire lui aura enseigné que son action la plus profonde repose sur sa relation avec la mort.

Le musée est ordonné par l'histoire, et notre conception de la création ne peut faire bon marché de la succession des œuvres. À tel point qu'elle y semble jouer le rôle qu'y jouait naguère la Nature. En tant qu'objet d'histoire, *la Joconde* se situe entre Verrocchio et Raphaël, et elle est semblable à Alexandre, dont il ne reste que la gloire et la transformation qu'il imposa au monde antique : Alexandre est un moment éclatant de la mort. Mais *la Joconde* (ou toute œuvre capitale) n'est pas morte, bien que née entre Verrocchio et Raphaël ; c'est Monna Lisa, qui est morte. *La Joconde* est de son temps, et hors du temps. Son action sur nous n'est pas de l'ordre de la connaissance ; mais de la *présence*. Aimer la peinture, c'est avant tout ressentir que cette présence est radicalement différente de celle du plus beau meuble de la même époque ; c'est savoir qu'un tableau, *la Joconde*, *Pietà de Villeneuve* ou *Jeune Fille au turban* de Vermeer, n'est pas un objet, mais une voix. Une telle présence, que ne possède pas Alexandre, mais que possède le saint *que l'on prie*, est proprement de l'ordre de la survie, et appartient à la vie. Pas à la connaissance : à la vie. Et à l'exception des présences surnaturelles, elle seule lui appartient. L'Inde, qui nous parle encore, est assez profondément séparée de nous pour nous donner la certitude que nous n'entendons pas l'Égypte antique, qui ne peut plus nous parler ; pour affirmer que les civilisations ou les cultures disparues — quelque nom que l'on donne aux grandes formes que prit tour à tour l'aventure humaine — ont disparu pour toujours. L'âme de Sumer, des royaumes des Andes ou du golfe du Mexique, l'âme de l'Égypte antique, sont mortes à jamais. La relation d'un prêtre d'Isis avec l'univers — ou même d'un fellah — et d'un sculpteur égyptien, n'est pas de l'ordre de

169. Picasso, *Le Faucheur*, 1943. Collection particulière.

l'intelligible ; et qu'est-ce que connaître un sentiment, et plus encore une foi, que nous n'avons jamais éprouvés ? Sommes-nous bien assurés de retrouver l'âme des temples d'Ellorâ, dont la civilisation n'a pas disparu ; des temples grecs, dont notre civilisation se réclame ; des cathédrales, dont la civilisation est la nôtre ? Si l'âme d'une civilisation est liée à sa relation fondamentale avec l'univers, il n'est pas absurde de dire que pour l'essentiel, le monde est fait d'oubli. Pourtant les œuvres capitales des civilisations disparues, jusqu'aux statues des Pharaons, aux statues ophidiennes des ténèbres de Sumer, aux fauves préhistoriques, toutes ces figures qui, hier encore, appartenaient *elles aussi* aux royaumes de l'oubli, sont vivantes pour nous, ou portent en elles le germe de leur résurrection. L'immense dérive de nuages qui emporte les civilisations vers la mort, et qui effaça tour à tour les astres de Chaldée et l'étoile des Bergers, semble aujourd'hui passer en vain sur la première constellation des images... À toutes les œuvres d'art qu'il élit, le Musée Imaginaire apporte, sinon l'éternité que leur demandaient les sculpteurs de Sumer ou de Babylone, l'immortalité que leur demandaient Phidias et Michel-Ange, du moins une énigmatique délivrance du temps. Et s'il suscite un Louvre envahi et non déserté, c'est que le vrai Musée est la présence, dans la vie, de ce qui devrait appartenir à la mort.

Mais nous avons découvert que les œuvres ressuscitées ne sont pas nécessairement immortelles. Et que si la mort ne contraint pas le génie au silence, ce n'est pas parce qu'il prévaut contre elle en perpétuant son langage initial, mais en imposant un langage sans cesse modifié, parfois oublié, comme un écho qui répondrait aux siècles avec leurs voix successives : le chef-d'œuvre ne maintient pas un monologue souverain, il impose l'intermittent et invincible dialogue des résurrections.

Par des voies que nous ne distinguons pas, brouillées par cet englobant toujours transitoire, par ce Musée Imaginaire entraîné par son propre développement, par l'évolution de l'art des vivants, par la métamorphose qui change banalement et inexorablement tout présent en passé. Les reconstitutions polychromes de Munich voulaient rendre la Grèce vivante, parce que l'on reprochait à ses œuvres d'arriver dans les musées à l'état de cadavres ; le musée Grévin que l'on tenta de substituer à ces cadavres fut loin de retrouver leur invincible fécondité. Que l'on reconstruise un cloître roman à New York, un mastaba au Louvre, une porte de Babylone à Berlin, leur exil, leur présence dans un musée, suffisent à les transformer en œuvres d'art. Et même les portails de Chartres délivrent à peine leurs statues de la métamorphose, car pour les artistes, ces statues sont sœurs de celles du musée plus que de celles des banales églises voisines, et les cathédrales, l'office terminé, deviennent les plus vastes salles du Musée Imaginaire. En 1910, on croyait que la *Victoire de Samothrace*, restaurée, retrouverait son or, ses bras et son buccin. Sans or, sans bras et sans buccin, elle a retrouvé sa proue, et trouvé le haut escalier du Louvre qu'elle domine comme un héraut du matin : ce n'est pas vers Samothrace ou vers Alexandrie que nous la dressons, c'est vers une exemplaire Acropole. Les œuvres d'art ressuscitent dans notre monde de l'art, non dans le leur.

La Grèce n'a pas seulement changé lorsque ses œuvres nous sont devenues familières depuis les figures sévères jusqu'aux figures géométriques, au temps où notre indifférence écartait tant d'œuvres majeures de l'art hellénistique, bien que notre admiration fît de la *Victoire de Samothrace* l'une des statues les plus illustres ; l'image symbolique suggérée par les mots « style grec » a changé lorsqu'elle a cessé de se référer à une idéalisation exem-

170

plaire, tenue pour l'expression suprême de tout art. L'image symbolique de l'art byzantin change selon que l'on voit en lui l'interprétation de personnages par un expressionnisme hiératique, ou l'accession d'un monde surnaturel, au domaine du Pantocrator ; l'image de l'art africain change selon que l'on voit en lui l'interprétation de personnages par un expressionnisme sauvage, ou une création magique ; l'image du plus grand art de l'Inde change selon que l'on voit en lui un expressionnisme fantastique, ou une tentative de révélation de l'Absolu par des symboles. Mais si le démon de la connaissance a raison de nous mener à connaître la pensée de l'Inde hier, la pensée de l'Afrique aujourd'hui ; s'il vaut mieux regarder un masque nègre en pensant à la « force primordiale » qu'à un romanesque de la sauvagerie, la force primordiale ne nous fait pénétrer l'art africain que dans la mesure où les grands textes chrétiens nous font pénétrer le tympan de Moissac. Le plus savant préhistorien n'est pas nécessairement le plus convaincant interprète de l'art des cavernes ; le plus savant égyptologue n'est pas celui qui nous fait le mieux aimer l'art égyptien. (Et dans le domaine de l'art, qu'est-ce qu'un interprète qui nous fait comprendre un art qu'il ne nous fait pas aimer ?) Si nous retrouvions, devant une statue d'Ellorâ, le sentiment qu'éprouvèrent les premiers Hindous qui la virent, nous retrouverions leur vénération, et non un approfondissement de l'émotion que cette statue nous inspire. Et nous ne pouvons retrouver *les* Fois perdues, car *chacune* était vérité.

Mais notre civilisation devient elle-même un troublant interprète, depuis que la beauté n'est plus qu'un domaine de l'art parmi d'autres. La maladresse prêtée à l'art médiéval, aux arts de l'Orient ancien, n'était pas tenue pour semblable à celle d'un mauvais peintre du XVIIIe siècle ; les portraits des peintres ambulants, les ex-voto des artisans, ne ressemblaient d'ailleurs pas aux portraits et

---

170. *Victoire de Samothrace.*

aux Vierges du Moyen Age. Sculpteurs et peintres gothiques étaient maladroits parce qu'aux temps obscurs, les meilleurs artistes étaient nécessairement naïfs. Mais depuis le triomphe du temps des Lumières jusqu'à celui du scientisme (moins de deux siècles...) la religion *aussi* fut tenue pour naïve. Renan seul osa parler de « la nullité religieuse de l'Occident », et il eût fait rire Stendhal comme Voltaire, pour qui la religion ne pouvait être que déisme, superstition ou imposture, et pour qui le sacré n'était pas concevable. Les images de celui-ci sont plus présentes pour nous que le sacré qu'elles manifestaient, mais de ce sacré, nous connaissons l'existence — et celle d'une vie nocturne de l'âme plus complexe que le mal. Y a-t-il moins de différence entre une statue grecque et une sumérienne, qu'entre la notion de l'homme qu'avait proclamée Voltaire et celle que proposait Freud ?

Le Musée Imaginaire n'est pas un héritage de ferveurs disparues, c'est une assemblée d'œuvres d'art — mais comment ne voir dans ces œuvres, que l'expression de la volonté d'art ? Un crucifix roman n'est pas le frère d'un crucifix peint aujourd'hui par un athée de talent — qui n'exprimerait que son talent. Il est une sculpture, mais il est aussi un crucifix. Nous savons mal de quoi vient l'« aura » qui émane d'une statue sumérienne, mais nous savons bien qu'elle n'émane jamais d'une sculpture moderne. *L'Éternel* de Moissac ne nous atteint pas seulement par l'ordre de ses volumes, et nous y trouvons la lumière du visage du Père, comme nous trouvons celle du Christ au tympan d'Autun, et dans la plus humble peinture de l'Angelico. Parce qu'elle y est. Titien a perdu son pouvoir démiurgique, mais nul Renoir, et même nul Delacroix, n'a peint la sœur de sa Danaé. Entre toutes les calligraphies de l'Extrême-Orient, le signe qu'ont élu nos peintres et nos critiques, sans en connaître la signification, est le caractère de Hakuin qui exprime l'originel.

Dans un monde dont aurait disparu jusqu'au nom du Christ, une statue de Chartres serait encore une statue ; et si, dans cette civilisation, cette statue n'était pas devenue invisible, la signification confuse qu'elle exprimerait ne serait pas celle d'une statue de Rodin. Quel langage parlent les précolombiens encore obscurs, les monnaies gauloises, les bronzes des steppes dont nous ignorons quelles peuplades les fondirent ? Quel langage parlent les bisons des cavernes ?

Les langages de l'art ne sont pas semblables à la

171. Art japonais, Hakuin, la lettre A. Tôkyô, collection particulière.

172

parole, mais frères secrets de la musique. (Pour des raisons différentes de celles que l'on pressentit lorsque la peinture rejeta l'imitation ; en tant que langages, non en tant qu'arbitraire liberté.) Nous savons ce qui sépara toute œuvre d'art, de l'idéologie qui la suscite ou la justifie. Ce que nous disent *la Ronde de nuit*, les derniers Titien et *la Montagne Sainte-Victoire, le Penseur*, le tympan de Moissac, la statue du prince Goudéa et celle du pharaon Djéser, l'Ancêtre africain, ne peut être dit que par des formes, de même que ce que nous disent le *Kyrie* de Palestrina, *Orfeo, Don Juan* ou *la Neuvième Symphonie*, ne peut être dit que par des notes. Il n'y a pas de traduction.

Ce que *nous* disent ces sculptures et ces tableaux, et non ce qu'ils ont dit. Sans doute, ce que nous disent les figures du *Portail Royal* est-il né de ce qu'elles ont dit autrefois au peuple de Chartres, et très différent de ce que nous disent des Çivas. Mais les sculpteurs de génie qui ont sculpté ces statues, même si la notion d'art leur était étrangère, ont voulu créer des figures plus dignes de vénération que celles qui les précédaient et auxquelles ils les comparaient, délibérément ou non — comme le faisait d'instinct le peuple fidèle. Lorsqu'on ne compara plus les *Rois* à leurs devanciers mais aux statues antiques, ils devinrent muets. Et si nous entendons le chant inconnu jusqu'ici, qui après tant d'années d'oubli succède à un plain-chant de croisade ou à une mélopée du *Râmâyana*, ce n'est pas parce que les historiens nous en ont restitué le texte, ni parce que nous avons retrouvé la foi du XIIe siècle ou des temps védiques, c'est parce que nous les admirons entre les statues de Sumer et des grottes indiennes, de l'Acropole et des tombeaux de Florence — entre toutes les statues de la terre. C'est le chant de la métamorphose, et nul ne l'a entendu avant nous — le chant où les esthétiques, les rêves et même les religions, ne sont plus que les livrets d'une inépuisable musique.

172. Elephantâ (Inde), *La Maheçamurti* (détail).

INDEX ANALYTIQUE

INTRODUCTION

p. 11 - Le rôle du musée en Europe par rapport au spectateur — p. 12 - Musée, confrontation de métamorphoses - Un des lieux qui donnent la plus haute idée de l'homme.

CHAPITRE PREMIER

p. 17 - Du XIe au XVIe siècle les artistes européens cherchent à se libérer de l'expression limitée à deux dimensions — p. 18 - Au XIIe siècle découverte de la profondeur - Nouveauté de Léonard, son influence — p. 19 - Avec l'académisme antique, fin du cycle sacré et fin de l'enfer - La fiction — p. 20 - L'illusion - Avant le XIXe siècle, primauté de Raphaël sur les Primitifs - Le beau idéal, symbole de l'esthétique des hommes cultivés — p. 22 - Le théâtre - Rencontre avec la peinture, la littérature, la religion - Le goût du spectacle — p. 23 - Importance du sentiment - Le beau idéal de Stendhal ; le goût de Barrès — p. 28 - Le Musée Imaginaire s'entrouvre pour les Primitifs - La fiction, adversaire du nouveau musée - L'art moderne devra la détruire - Naissance du bourgeois et de l'artiste — p. 29 - Ingres - Le portrait bourgeois - Au XIXe siècle l'imaginaire avait cessé de s'incarner dans l'histoire vécue, car l'irréel est condition de sa vie — p. 32 - La bourgeoisie ne connaîtra qu'un imaginaire qui la nie - Les écrivains romantiques s'opposent aux classiques, en peinture : continuité — p. 35 - Les maîtres de l'irréel et leurs créations — p. 37 - Les grands artistes donnent la vie - La fiction et les peintres - La découverte de la photo dévalorise les techniques d'illusion.

CHAPITRE II

p. 41 - Manet : ses accoucheurs maîtres du nouveau musée - Modernisme de Goya — p. 45 - Fin de la fiction - Présence dominatrice du peintre : le portrait de Clemenceau - Daumier, il appartient au musée et à l'art moderne, mais harmonie traditionnelle — p. 51 - Création d'une harmonie dissonante - Avec Manet, taches de couleurs : rose, vert — p. 54 - Accord nouveau *des couleurs entre elles* - Résurrection de la peinture à deux dimensions — p. 55 - Ce que contient alors le musée : une peinture cherchant à atteindre la vue et le toucher — p. 56 - L'art tout court commence à Phidias - Cependant renouveau de l'art où le « fini » n'est plus - Le « faire » prend la place du « rendu » — p. 58 - L'écriture véhémente du peintre est une signature - La touche en point d'exclamation : Magnasco — p. 60 - L'esquisse — p. 61 - Esquisse de travail et « expression brute » - Le croquis et le dessin — p. 61-64 - L'esquisse pour Delacroix, Constable, Valenciennes, Corot - Conflit avec le « fini » — p. 66 - Esquisse ou tableau ? — p. 68 - Aventure de l'idéologie impressionniste - Impressions, c'est-à-dire interprétations non orientées par l'imitation — p. 70 - La théorie et la pratique — p. 72 - L'art tend vers une annexion - *La Chaise*, idéogramme de Van Gogh - La valeur du sujet diminue — p. 74 - Primauté du paysage et de la nature morte — p. 75 - *La peinture*, valeur suprême, pour le peintre moderne - Rembrandt et Goya : précurseurs de l'art maudit - L'artiste du XIXe siècle rompt avec quatre mille ans d'art — p. 77 - Union spirituelle des artistes, peintres, poètes, musiciens — p. 78 - La malédiction source de fécondité — p. 79 - « Faire du Poussin d'après nature » — p. 80 - Arts nouveaux : Mésopotamie, Mexique — p. 80-81 - Formes qui se refusent à l'imitation — p. 81 - Les estampes japonaises : un air de liberté - Byzance — p. 82 - Un autre style, non une autre école — p. 84 à 87 - Le cinéma - Son moyen de reproduction, la photo ; son moyen d'expression, la succession des plans - Expression privilégiée de la fiction.

CHAPITRE III

p. 88 - La reproduction — p. 90 - Affaiblissement de l'italianisme - La reproduction, facteur de modification - L'œuvre de Rubens — p. 91 - L'album — p. 92 - L'exposition - Le gothique redécouvert — p. 94 - Interprétation de la sculpture pour la reproduction en noir - Cadrage, éclairage — p. 96 - Les œuvres *perdent leur échelle* — p. 96 - Le phénomène de l'agrandissement photographique crée des arts fictifs — p. 100 à 110 - Son rôle vis-à-vis des arts mineurs — p. 111 - Liberté de l'artiste révélée dans l'ivoire et l'orfèvrerie — p. 115 - Du rapprochement des photographies naît le dialogue — p. 118 - Le fragment — p. 121 - Le détramage, ses possibilités — p. 123 - La reproduction suggère - L'histoire de l'art, histoire *de ce qui est photographiable* - Problèmes de la reproduction en couleurs — p. 125 à 126 - La miniature - Relation nouvelle avec le tableau et la fresque — p. 132 - La civilisation du livre — p. 136 - La mosaïque chrétienne ne peut entrer au musée sans métamorphose — p. 141 à 145 - Le vitrail - Sa couleur, expression lyrique - Peinture monumentale en accord avec la cathédrale, vivante à toute heure du jour — p. 146 à 148 - Le tapis - La tapisserie, art moderne — p. 151 - La fresque, résurrection de l'Occident en Égypte et au Japon - Différentes palettes — p. 158 - Pour Baudelaire, la sculpture du Moyen Age : *art de Caraïbes* - Pour les Romantiques, elle se réduit aux XIVe et XVe siècles : l'Allemagne des diables cornus - Un gothique sans art roman — p. 160 - À la naissance de l'art moderne correspond la fin du primat de l'antique - Fin de l'idée de possession de l'œuvre d'art ainsi délivrée de son caractère d'objet d'art — p. 161 - La photographie révèle le plus vaste domaine artistique que l'homme ait connu — p. 162 - Domaine agrandi par les expositions — p. 175 - Le style, expression légitime de l'intention créatrice — p. 176 - Un des caractères majeurs de l'art : l'expression de l'artiste - Le musée était une affirmation, le Musée Imaginaire est une interrogation.

CHAPITRE IV

p. 177 - Métamorphose profonde des œuvres - Le passé nous est arrivé sans couleurs — p. 179 - Les statues grecques sont devenues blanches - Le monde roman de la couleur maintenant révélé par ses fresques — p. 181 - La patine et la décomposition - Problème des statues repeintes — p. 184 - La restauration - Les mutilations ont aussi leur style — p. 185 - L'art grec toujours au premier rang, mais pas pour les mêmes œuvres - La mise en question de l'univers - Fin des fatalités orientales — p. 187 - Les figures grecques, figures qu'eût choisies l'homme s'il eût été Dieu : faire de tout artichaut une acanthe - Naissance du sourire — p. 190 - Le nu féminin - Les techniques de la Grèce et celles de l'Italie — p. 195 - Le temps a métamorphosé l'Antique du musée - Les dieux ressuscitent sans leur divinité — p. 196 - Métamorphose de l'art sacré : pour Cézanne, un crucifix est une sculpture — p. 197 - La peinture moyen d'expression de la poésie — p. 198 - « La peinture est une poésie *qui se voit* » — p. 199 - Maniérisme — p. 200 - La poésie onirique — p. 202 - Baudelaire et Michel-Ange — p. 206 - La peinture se crée une poésie - Renoir, Chagall, Dufy trouvent leur poésie spécifique — p. 209 - Peinture réaliste - Le portrait n'échappe pas à son époque ; ses personnages échappent au temps — p. 210 - La métamorphose d'un tableau réaliste est moins évidente que celle d'une statue — p. 212 - La statue funéraire égyptienne n'a de valeur que dans le sens où elle est un *Double* — p. 212-213 - L'accord entre la sculpture et le lieu sacré : Mésopotamie, Mexique, est moins vrai pour l'art gothique — p. 213 - Le cadre du retable — p. 216 - Du XVIe au XIXe siècle en peinture, la nature, c'est-à-dire « domaine de vérité » — p. 217 - L'invincible *englobant* des Occidentaux — p. 218 - Le cubisme rompt avec la nature — p. 221 - On n'imagine pas qu'un portrait cubiste soit le reflet de son modèle — p. 225 - La création d'un grand art entraîne la métamorphose du regard — p. 227 à 230 - Pour Michel-Ange, la statue d'une Vierge devait appeler la prière - Les œuvres se dégagent de leur fonction — p. 230 - Les masques africains, nés pour la danse — p. 232 - Des différents sens du mot admirer — p. 234 - Le cadre profane — p. 238 - Un tableau sans cadre est inachevé - L'Impressionnisme et le cadre - Dans le livre d'art, cadre, marge — p. 240 - Le Musée Imaginaire oriente la transformation des vrais musées — p. 241-242 - Les styles ; les découvertes les modifient — p. 245 - Raphaël a changé depuis que Piero della Francesca est admiré — p. 246 - Le Musée Imaginaire et le musée continuent d'évoluer — p. 248-252 - Spiritualisation contre idéalisation - Un « style sévère » de l'humanité — p. 252 - Désormais les chefs-d'œuvre se réfèrent à un art universel — p. 253 - Le musée : toutes les collections particulières y aboutiront — p. 254 - Monna Lisa est morte, la Joconde, elle, est une voix, une présence — p. 256 - Le Musée Imaginaire délivre du temps — p. 257 - En entrant au musée l'œuvre devient œuvre d'art — p. 261-263 - Les langages de l'art ne sont pas semblables à la parole mais frères secrets de la musique.

DOCUMENTATION ICONOGRAPHIQUE

1. Venise, musée Correr, salle Carpaccio. Ph. Archivio fotografico, Direzione civici musei.

2. DAVID II TÉNIERS, dit LE JEUNE (1610-1690), *L'Archiduc Léopold-Guillaume dans sa galerie de peintures à Bruxelles* (détail). Env. 1647. Signé. Madrid, musée du Prado, 1,06 × 1,29 m. Ph. © Alinari.

3. FILIPPO LIPPI (1406-1469), *Madone avec deux anges* (détail). Florence, musée des Offices. Bois. Dimensions de l'ensemble : 0,95 × 0,62 m. Ph. © Scala.

4. LÉONARD DE VINCI (1452-1519), *Portrait de Monna Lisa, dite « la Joconde »* (détail). Paris, musée du Louvre. Bois. Dimensions de l'ensemble : 0,97 × 0,53 m. Ph. © Bulloz.

5. LE BERNIN, GIAN LORENZO BERNINI, dit (1598-1680), *L'Extase de sainte Thérèse* (détail). Rome, Santa Maria della Vittoria, chapelle Cornaro (transept gauche). Marbre. Ph. © Alinari-Viollet.

6. GIOTTO DI BONDONE (1266-1337). Padoue, chapelle de l'Arena (chapelle degli Scrovegni), *Rencontre à la Porte d'Or* (détail). Env. 1303-1305. *In situ*. Peinture murale. Ph. © Alinari-Giraudon.

7. GIULIO CESARE PROCACCINI (ca 1570-1625), *La Madeleine pénitente et un ange*. Milan, Pinacothèque de la Brera. Toile. 1,37 × 0,97 m. Ph. © Scala.

8. DOMINIQUE INGRES (1780-1867), *Portrait de Louis-François Bertin, dit Bertin l'aîné*. 1832. Daté et signé. Paris, musée du Louvre. Toile. 1,16 × 1,95 m. Ph. Archives Gallimard.

9. HONORÉ DAUMIER (1808-1879), *Portrait de Gazan*. 1835. Paris, Bibliothèque Nationale, Cabinet des Estampes. Lithographie. 0,238 × 0,160 m. Parue dans le n° 245 de La Caricature, le 16 juillet 1835, planche 510. Ph. Archives Gallimard.

10. REMBRANDT, HARMENSZ VAN RIJN, dit (1606-1669), *Les Trois Croix* (quatrième état). Paris, musée du Petit Palais (collection Duthuit). Eau-forte, 0,387 × 0,45 m. Ph. Archives Gallimard.

11. MICHEL-ANGE BUONARROTI (1475-1564), *Pietà Rondanini* (détail). 1564. Milan, Castello Sforzesco. Marbre. Hauteur : 1,95 m. Ph. © Anderson-Giraudon.

12. LE TINTORET, JACOPO ROBUSTI, dit (1518-1594), *Saint Augustin guérissant les lépreux*. 1549-1550. Vicence, Musée civique. Toile. 2,55 × 1,75 m. Ph. © Scala.

13. BARTOLOMÉ ESTEBAN MURILLO (1617-1682), *Jeune Fille et sa duègne* (détail). 1665-1675. Washington, National Gallery of Art (collection Widener). Toile. 1,25 × 1,05 m. Ph. du musée.

14. ÉDOUARD MANET (1832-1883), *Le Balcon*. 1868-1869. Signé. Paris, musée d'Orsay. Toile. 1,70 × 1,245 m. Les personnages représentés sont des amis du peintre : Berthe Morisot assise, Jenny Claus et le peintre Guillemet. Ph. © Giraudon.

15. DIEGO RODRIGUEZ VELAZQUEZ Y DE SILVA (1599-1660), *L'Infante doña Margarita d'Autriche* (détail). Env. 1660. Madrid, musée du Prado. Toile. Dimensions de l'ensemble : 2,12 × 1,47 m. Ph. Archives Gallimard.

16. FRANS HALS (ca 1580-1666), *Les Régentes de l'asile de vieillards de Haarlem* (détail). 1664. Haarlem, Frans Hals-Museum. Toile. Dimensions de l'ensemble : 1,705 × 2,485 m. Ce tableau a pour pendant : *Les Régents de l'hôpital Sainte-Élisabeth, de Haarlem*. Ph. du musée.

17. ÉDOUARD MANET (1832-1883), *Portrait de Clemenceau* (détail). Env. 1879-1880. Paris, musée d'Orsay. Toile. 0,94 × 0,74 m. Ph. © Giraudon.

18. FRANCISCO JOSÉ DE GOYA Y LUCIENTES (1746-1828), *L'Enterrement de la sardine*. 1793. Madrid, Real Academia de Bellas Artes de San Fernando. Bois. 0,83 × 0,62 m. Ph. Archives Gallimard.

19. HONORÉ DAUMIER (1808-1879), *Les Joueurs d'échecs* (détail). Env. 1863. Signé. Paris, musée du Petit Palais. Bois. 0,24 × 0,32 m. Ph. © Bulloz.

20. Édouard Manet (1832-1883), *L'Exécution de l'empereur Maximilien*. Mannheim, Städtische Kunsthalle. Toile. 2,52 × 3,05 m. Ce tableau est signé et daté du 19 juin 1867, date du drame, non de l'œuvre. Ph. © Gustav Schwarz.

21. Francisco José de Goya y Lucientes (1746-1828), *Les Fusillades du 3 mai 1808 (ou les fusillades de la Moncloa)*. 1814-1815. Madrid, musée du Prado. Toile. 2,66 × 3,45 m. Ph. © Scala.

22. Édouard Manet (1832-1883), *Olympia* (détail). 1863. Daté et signé. Paris, musée d'Orsay. Toile. Dimensions de l'ensemble : 1,30 × 1,90 m. Ph. © Giraudon.

23. Paul Cézanne (1839-1906), *Une moderne Olympia*. Env. 1873. Paris, musée d'Orsay. Toile. 0,46 × 0,55 m. Ph. Archives Gallimard.

24. Paul Cézanne (1839-1906), *La Pendule de marbre*. 1869-1870. Paris, collection particulière. Toile. 0,54 × 0,73 m. Anciennement dans la collection de G. E. Robinson, Beverley Hills, Californie. Ph. Archives Gallimard.

25. Édouard Manet (1832-1883), *Étude pour un bar aux Folies-Bergère*. Fin 1881. Amsterdam, Stedelijk Museum. Toile. 0,47 × 0,56 m. Le comptoir au premier plan n'est pas de la main de Manet, il a été ajouté après sa mort, nous ne savons par qui ni à quelle époque. Mais en 1912, Meier-Graefe, dans son livre sur Manet, a reproduit l'œuvre intacte. Ph. du musée.

26. Alessandro Magnasco (1667-1747), *Galériens en prison*. Entre 1711 et 1735. Bordeaux, musée des Beaux-Arts. Toile. 1,15 × 1,43 m. Ph. © Puytorac-P.-Y. Laplace.

27. Honoré Fragonard (1732-1806), *Portrait de l'abbé de Saint-Non* encore connu sous le nom de *« Figure de fantaisie »*. 1769. Paris, musée du Louvre. Toile. 0,80 × 0,65 m. Au dos de la toile on peut lire : « Portrait de M. l'abbé de Saint-Non, peint par Fragonard en 1769 en une heure de temps. » Ph. Archives Gallimard.

28. Henri de Toulouse-Lautrec (1864-1901), *Yvette Guilbert*. Collection particulière. Croquis. Ph. Archives Gallimard.

29. HENRI DE TOULOUSE-LAUTREC (1864-1901), *Yvette Guilbert*. 1894. Albi, musée. Dessin ; fusain rehaussé de couleurs à l'essence sur papier bulle. 1,86 × 0,93 m. Ph. du musée.

30. PIERRE PAUL RUBENS (1577-1640), *Philopœmen reconnu par une vieille femme*. Paris, musée du Louvre. Bois. 0,50 × 0,66 m. Ph. Archives Gallimard.

31. EUGÈNE DELACROIX (1798-1863), *Le sultan du Maroc Mulay Abd er-Rahman recevant le comte de Mornay, ambassadeur de France*. Paris, collection particulière. Esquisse. Toile. 0,31 × 0,40 m. Ph. Archives Gallimard.

32. PIERRE HENRI DE VALENCIENNES (1750-1819), *Le Toit au soleil*. Paris, musée du Louvre. Papier sur carton. 0,182 × 0,365 m. Au verso de ce tableau : Loggia di Roma. Ph. © RMN.

33. EUGÈNE DELACROIX (1798-1863), *La Bataille de Taillebourg gagnée par Saint Louis*. Env. 1837. Paris, musée du Louvre. Esquisse. Toile. 0,53 × 0,66 m. Ph. © Giraudon.

34. EUGÈNE DELACROIX (1798-1863), *La Bataille de Taillebourg gagnée par Saint Louis (21 juillet 1242)*. 1837. Signé et daté. Versailles, musée, Galerie des Batailles. Toile. 4,85 × 5,55 m. Ph. © Bulloz.

35. REMBRANDT, HARMENSZ VAN RIJN, dit (1606-1669), *La Compagnie du capitaine Frans Banninq Cocq,* dite *La Ronde de nuit* (détail). 1642. Daté et signé. Amsterdam, Rijksmuseum. Toile. Dimensions actuelles de l'ensemble : 3,59 × 4,38 m. Dimensions primitives : 3,87 × 5,02 m. Le tableau fut coupé, vers 1715, pour être placé entre deux portes à l'hôtel de ville d'Amsterdam. Ph. du musée.

36. HONORÉ DAUMIER (1808-1879), *Mère tenant son enfant*. Env. 1865-1870. Signé H. D. Zurich, collection particulière. Esquisse. Toile. 0,39 × 0,32 m. Ph. © Walter Dräyer.

37. EUGÈNE DELACROIX (1798-1863), *Chasse aux lions*. Début 1854. Collection particulière. Esquisse. Toile. 0,86 × 1,15 m. Ph. Archives Gallimard.

38. CLAUDE MONET (1840-1926), *Le Pont japonais*. Paris, collection particulière. Toile. 0,93 × 0,89 m. Ph. Archives Gallimard.

39. MAURICE DE VLAMINCK (1876-1958), *Intérieur*. 1903-1904. Paris, musée national d'Art moderne, Centre Georges-Pompidou. Toile 0,65 × 0,54 m. Ph. Archives Gallimard. © ADAGP, 1996.

40. VINCENT VAN GOGH (1853-1890), *La Chaise et la pipe (ou la Chaise jaune)*. 1888-1889. Signé Vincent. Londres, Tate Gallery. Toile. 0,93 × 0,735 m. Ph. du musée.

41. PIERRE PAUL RUBENS (1577-1640), *Le Sacrifice d'Abraham*. Paris, musée du Louvre. Bois. 0,50 × 0,65 m. Ph. Archives Gallimard.

42. *La Castiglione*. Photo ancienne. Ph. Archives Gallimard.

43. Danseuse. Photo récente. Ph. Archives Gallimard.

44. PIERRE PAUL RUBENS (1577-1640), *Paysage à la charrette*. Après 1630. Rotterdam, musée Boymans-Van Beuningen. Bois. 0,495 × 0,547 m. Ph. du musée.

45. Art ibérique. Elche, *La Dame d'Elche* (photo ancienne). IVe-IIIe siècle av. J.-C. Madrid, musée du Prado. Calcaire. Légères traces de peinture. H. : 0,56 m. Ph. Archives Gallimard.

46. Art ibérique. Elche, *La Dame d'Elche* (photo récente). Cf. fig. 45. Ph. Archives Gallimard.

47. Art mésopotamien (?), *Déesse de la Fécondité*. IIIe millénaire. Paris, collection particulière. Terre cuite. H. : 0,125 m. Ph. Archives Gallimard.

48. Art mésopotamien (?), *Déesse de la Fécondité* (détail). Cf. fig. 47. Ph. Archives Gallimard.

49. Statuette de femme stéatopyge. Époque préhistorique. Le Caire, musée. Terre cuite. H. : 0,17 m ; des pieds au sommet de la tête : 0,25 m. Statuette trouvée dans une tombe à Aniba (Soudan). Ph. © Hassia.

50. Chypre (?), *La Musicienne, ou Femme jouant du luth* (face). Nouvel Empire. XIXe-XXe dynastie. Le Caire, musée. Terre cuite. H. : 0,21 m. Ph. © Hassia.

51. Chypre (?), *La Musicienne* (profil). Cf. fig. 50. Ph. © Hassia.

52. Art gaulois, Monnaie des Osismi (détail) : *Aurige réduit à une tête*. Paris, Bibliothèque nationale, Cabinet des Médailles. Or. Au recto, un seul cheval. Ph. © Ina Bandy.

53. Art japonais. Tachibanamura, Namekatagun, Ibaragiken (au nord-ouest de Tôkyô), *Haniwa* (statuette funéraire) représentant un singe. Époque des Grandes Sépultures. V^e-VIe siècle. Tôkyô, collection particulière. Terre cuite, traces de pigment rouge. H. : 0,257 m. Ph. © Asukaen, Nara.

54. Art byzantin, Plaque d'évangéliaire. Registre inférieur : *Enfance de Bacchus* (détail) : *Satyre et ménade dansant*. V^e-VIe siècle. Paris, Bibliothèque nationale, Cabinet des Médailles. Ivoire. 0,21 × 0,12 m. Au registre supérieur : *Apollon et les neuf Muses*. Ph. © Bibl. nat.

55. Art mycénien. Mycènes, *Déesse trônant*. XIVe-XIIIe siècle av. J.-C. Athènes, Musée national. Ivoire H. : env. 0,075 m. Ph. Archives Gallimard.

56. Art étrusque. Environs d'Ancône (Italie), *Déesse : Aphrodite* (?). Paris, musée du Louvre. Bronze ; sous les pieds, masse de plomb. H. : 0,33 m ; tête : 0,022 m. Ph. Archives Gallimard.

57. Art colombien, figurine votive masculine dite « tunjo ». Style muisca. Bogotá, musée de l'Or. H. : 0,15 m ; largeur maximum : 0,06 m ; poids : 33,9 g. Ph. du musée.

58. Art sarde. Uta (à 13,5 km de Cagliari), Monti Arcosu, *Guerrier portant une épée et un arc*. Époque des nuraghi. VIIe siècle av. J.-C. (?). Cagliari, musée archéologique. Bronze. H. : 0,24 m. Ph. Archives Gallimard.

59. Art étrusque. Miroir, *Victoire ailée coiffée du bonnet phrygien*. IIIe-IIe siècle av. J.-C. Paris, musée du Louvre. Bronze gravé. Diamètre : 0,12 m. Ph. Archives Gallimard.

60. Art égyptien. Saqqara, *Servante broyant du grain*. Ancien Empire. V^e dynastie. Le Caire, musée. Calvaire peint. H. : 0,35 m. Document inversé. Ph. © Hassia.

61. Art grec, Agestratos, coroplaste de Myrina. *Aphrodite*. Début du IIe siècle av. J.-C. Paris, musée du Louvre. Terre

cuite. Traces de couleurs. H. : 0,25 m. Ph. Archives Gallimard.

62. Art grec. Thèbes (Béotie), *Homme assis écrivant*. Dernier quart du VIe siècle av. J.-C. Paris, musée du Louvre. Terre cuite. H. : 0,11 m. Ph. Archives Gallimard.

63. Art grec. Athènes, *Peintre dit « du triglyphe »*. Lécythe à fond blanc (détail). Env. 400 av. J.-C. Athènes, musée national. Terre cuite. H. : 0,57 m. Ph. Archives Gallimard.

64. Abbaye de Saint-Maurice d'Agaune (Valais), *Châsse de saint Maurice* (détail d'un petit côté) : *la Vierge*. Ensemble de la châsse : XIIe siècle. Vierge : XIIIe siècle. Argent naturel ou doré, travaillé au repoussé ou niellé ; pierres précieuses. Le visage, le cou, les mains de la Vierge ont été peints. Dimensions de la châsse : 0,798 × 0,357 m. H. : 0,575 m. H. de la Vierge : 0,502 m. Sur l'autre petit côté, un Christ bénissant fait pendant à la Vierge. Ph. © Jaccard.

65. Venise. *Pala* (détail) : *La Vierge en majesté*. XIIe-XIIIe siècle. Torcello, musée provincial. Plaques d'argent repoussé, ciselé et doré, posées sur une base en bois. Longueur totale : 2,91 m. Vierge en majesté : 0,32 × 0,235 m. Cette *pala* était autrefois composée de vingt-neuf pièces distinctes, actuellement il en reste treize. *La Vierge en majesté* se situe au centre. Ph. © Osvaldo Böhm.

66. *Pala* (détail) : *Un évangéliste* (?). XIIe-XIIIe siècle. Caorle (Vénétie), cathédrale. Or. Ph. © Osvaldo Böhm.

67. *Annonciation de l'ange à Joseph*. XIIe siècle. Rouen, musée des Antiquités. Ivoire. 0,158 × 0,118 m. Ph. © Jean-Louis Ozanne.

68. Art byzantin, *Constantinople* (?). Panneau du diptyque, dit « ivoire Barberini » (détail) : *Triomphe d'un empereur*. Env. 500. Paris, musée du Louvre. Ivoire. Dimensions de l'ensemble : 0,341 × 0,266 m. Panneau central : 0,201 × 0,134 m. Ph. Archives Gallimard.

69. Art assyrien. Kalakh (Nimrud), *Assurnazirpal chassant le lion* (détail), IXe siècle av. J.-C. Londres, British Museum. Albâtre gypseux. H. : 0,864 m. Ph. du musée.

70. Art iranien. Suse, cylindre (empreinte), *Lion passant*. Début du IIIe millénaire. Paris, musée du Louvre. Pierre. H. : 0,046 m. Ph. Archives Gallimard.

71. Art roman. Vézelay, portail Ouest, tympan : *Le Christ de la Pentecôte* (détail). 1125-1130. *In situ*. Ph. Archives Gallimard.

72. Art byzantin. Panneau de triptyque, *Le Christ couronnant l'empereur Romain II et l'impératrice Eudoxie* (détail). Env. 950. Paris, Bibliothèque nationale, Cabinet des Médailles. Ivoire. H. : 0,245 m. Ph. © Bibl. nat.

73. Art gothique. Reims, cathédrale, façade Ouest, porte de droite, ébrasement droit, *Saint Jean-Baptiste*. Env. 1230. *In situ*. Ph. © Jean Roubier.

74. Art gothique. Reims, *Saint Jean-Baptiste* (détail). Cf. fig. 73. Ph. © Jean Roubier.

75. Art gothique. Bamberg (Bavière), cathédrale, porte Est ou porte d'Adam, ébrasement droit. *Ève* (détail). Milieu du XIIIe siècle. *In situ*. Ph. © Schneider-Lengyel.

76. Art gothique. Bamberg (Bavière), cathédrale, porte Est ou porte d'Adam, ébrasement droit, *Adam* (détail). Milieu du XIIIe siècle. *In situ*. Ph. © Schneider-Lengyel.

77. Le Rosso, Giambattista di Jacopo Rossi, dit (1494-1540). Fontainebleau, château, Galerie François Ier, *L'Amour châtié par Vénus pour avoir abandonné Psyché* (détail). *In situ*. Peinture murale. Ph. Archives Gallimard.

78. Le Maître du roi René. *Le Livre du cœur d'amour épris. Amour confie à Vif-Désir le cœur du roi*. 1460-1470. Vienne, Nationalbibliothek. Miniature. Ph. Archives Gallimard.

79. Pol de Limbourg ou Pol Malouel et ses frères Hennequin et Hermann, *Les Très Riches Heures du duc de Berry. Le Mois de Mars : le château de Lusignan* (détail). Env. 1414-1416. Chantilly, musée Condé. Miniature. Dix pages de ce calendrier sont de la main des Limbourg, la onzième a été complétée et la douzième exécutée par Jean Colombe, de Bourges, entre 1485 et 1489. Ph. Archives Gallimard.

80. Le Maître des *Grandes Heures de Rohan*. *Le Mort devant son juge*. Env. 1418-1425. Paris, Bibliothèque nationale (ms. lat. 9471, f° 159). Miniature. Ph. © Bibl. nat.

81. Art carolingien. École de Reims. *Évangiles d'Ebbon*, archevêque de Reims. *Saint Marc*. Première moitié du IXe siècle. Épernay, Bibliothèque municipale (ms. I, f° 60, v°). Miniature. 0,260 × 0,208 m. Ph. © Giraudon.

82. Art roman. Tavant (Indre-et-Loire), église Saint-Nicolas, crypte, *La Vierge* (détail). Première moitié du XIIe siècle. *In situ*. Peinture murale. Ph. © R.-G. Phelipeaux-Zodiaque.

83. Art roman. École de la Loire. Angers, abbaye de Saint-Aubin. Bible, *Christ en majesté*. Fin du XIe siècle. Angers, Bibliothèque municipale (ms. 4, f° 208). Miniature. Dimensions de la page : 0,495 × 0,370 m. Ph. © Bibl. nat., Paris.

84. Art roman. Montoire (Loir-et-Cher), prieuré de Saint-Gilles, chapelle, abside orientale, *Christ en majesté*. Premier quart du XIIe siècle. *In situ*. Peinture murale. Ph. © R.-G. Phelipeaux-Zodiaque.

85. SIYAH KALEM, *Combat d'un héros et d'un démon*. XVe siècle. Istanbul, bibliothèque du palais Topkapı. Miniature. Fait partie de l'album de Mehmed II le Conquérant. Ph. © Haluk Doganbey.

86. Art irlandais. *Le Livre de Kells, La Vierge et l'Enfant*. VIIIe siècle. Dublin, Trinity College Library (f° 7, v°). Miniature. 0,318 × 0,232 m. Ph. de la bibliothèque.

87. Art roman. Saint-Benoît-sur-Loire, église, chapiteau de la croisée du transept. Découverte des restes de saint Benoît et de sainte Scholastique, *Le Christ* (détail). 1026-1030. Saint-Benoît-sur-Loire, musée lapidaire de l'église, salle du Trésor. Ph. © R.-G. Phelipeaux-Zodiaque.

88. Art préroman. *Pontifical de Winchester*, dit *Bénédictionnaire de l'archevêque Robert*, *La Pentecôte*. Fin du Xe siècle. Rouen, Bibliothèque municipale [ms. 369 (Y7) f° 29 v°]. Miniature sur parchemin. 0,325 × 0,238 m. Ph. © B. Lefebvre.

89. Art grec. Délos, maison « des masques », *Dionysos monté sur une panthère*.

IIe siècle av. J.-C. *In situ*. Mosaïque de pavement. Pierres semi-précieuses : onyx 1 × 1 m. Ph. Archives Gallimard.

90. Piazza Armerina (Sicile), villa Erculia, couloir de la Grande Chasse, abside Sud, *L'Afrique entre le tigre, l'éléphant et le phénix*. IVe siècle. Mosaïque de pavement. Ph. © Angelo Maltese, Syracuse.

91. Piazza Armerina (Sicile), villa Erculia, couloir de la Grande Chasse, *La Grande Chasse* (détail). IVe siècle. Mosaïque de pavement. Dimensions de l'ensemble : 6 × 60 m au moins. Ph. © Angelo Maltese, Syracuse.

92. Doura-Europos (Syrie), temple des dieux palmyréniens, naos, mur Sud. *Grande scène de sacrifice* (détail) : *Deux Adolescents de la famille de Conon*. Deuxième moitié du Ier siècle de notre ère (env. 75). Damas, Syrie, musée. Peinture murale. Dimensions de l'ensemble : 4,35 × 3,80 m. Ph. © Manceau.

93. Chartres, cathédrale, croisillon Nord, sous la rose, au centre, *Sainte Anne portant la Vierge*. Première moitié du XIIIe siècle. *In situ*. Vitrail. Dimensions de l'ensemble : 7,47 × 1,70 m. Ph. Archives Gallimard.

94. Atelier dit « de Judith et d'Esther ». Paris, Sainte-Chapelle, quatrième fenêtre Sud, *Judith se baigne aux fontaines*. Env. 1243-1248. *In situ*. Vitrail. Diamètre : 0,68 m. Ph. Archives Gallimard.

95. Chartres, cathédrale, côté Sud, première fenêtre du collatéral du chœur, *Notre-Dame de la Belle Verrière* (détail). Milieu du XIIe siècle. *In situ*. Vitrail. Dimensions de l'ensemble : 4,90 × 2,36 m. Ph. Archives Gallimard.

96. PAOLO UCCELLO, PAOLO DI DONO, dit (1397-1475). Florence, Santa Maria del Fiore, coupole, *La Résurrection du Christ*. Dessin : 1443 ; exécution : 1444 (par Bernardo di Francesco). *In situ*. Vitrail. Ph. © Scala.

97. Art péruvien. Paracas, manteau brodé du motif du jaguar (détail). Culture des Nécropoles. Env. 400-1000. New York, Brooklyn Museum. Tissu. Ph. du musée.

98. Art copte. Antinoé, *Cavalier*. XIe siècle. Paris, musée du

Louvre. Tapisserie de laine. 0,11 × 0,16 m. Ph. Archives Gallimard.

99. николас Bataille (maître lissier), Hennequin de Bruges (peintre des cartons), *L'Apocalypse. Un ange montre à saint Jean la Grande Prostituée, symbole de l'idolâtrie et de toutes les abominations.* Env. 1380. Angers, château, musée des Tapisseries. Tapisserie. Longueur actuelle totale : env. 103 m. Il reste soixante-dix-sept fragments sur un total de cent cinq à l'origine. Ph. © Bruel.

100. *La Dame à la licorne, L'Odorat* (détail). Env. 1500. Paris, musée de Cluny. Tapisserie. 3,67 × 3,22 m. Suite de six tentures représentant les cinq sens, placées de part et d'autre de la « Dame ». Ph. Archives Gallimard.

101. Masaccio, Tommaso di Giovanni Guidi, dit (1401-1429). Florence, Santa Maria del Carmine, chapelle Brancacci, *Saint Pierre baptisant* (détail). *In situ*. Peinture murale. Ph. © Scala.

102. Art de l'Inde. Ajantâ, grotte II, *Naissance du Bouddha*. VIe siècle. *In situ*. Peinture murale. Ph. © Archaeological Survey of India.

103. Art de l'Inde. Ellorâ, grotte XXI, véranda, pilier Nord-Ouest, *Déesse du Gange*. VIIe siècle (commencée vers 640, complétée après 675). *In situ*. Ph. © Time-Life Magazine-Eliot Elisofon.

104. Art roman. Berzé-la-Ville (Saône-et-Loire), église du prieuré, abside, *Martyre de saint Vincent*. Début du XIIe siècle. *In situ*. Peinture murale. Ph. © R.-G. Phelipeaux-Zodiaque.

105. Art roman. Moissac, portail Sud, tympan, *Christ en majesté* (détail). 1110-1120. *In situ*. H. du Christ : 2,42 m. H. de la tête, de la couronne à la barbe : 0,47 m. Ph. © Yan-J. Dieuzaide.

106. Art de l'Asie centrale. Qïzïl, grotte « au pavement peint », *Divinité et musicienne*. 600-650. Berlin, Staatliche Museen. Peinture murale. Largeur : 1,35 m. Ph. du musée.

107. Art japonais. Nara, temple d'Hôryûji : Kondô, mur Est, *Bodhisattva*. Deuxième moitié du VIIe siècle. Peinture murale. 3,13 × 1,60 m. Peinture détruite

par incendie en 1949. (D'après Benri-Do.)

108. Art grec. Athènes, Acropole, *Érechthéion*. Portique des Caryatides (angle Sud-Ouest). Dernier quart du ve siècle av. J.-C. (env. 420). *In situ*. H. des statues : 2,03 m. Ph. Archives Gallimard.

109. Art égyptien. Gizeh, *Grand Sphinx et pyramide de Chéphren*. Ancien Empire. IVe dynastie. *In situ*. Sphinx taillé dans une carrière de calcaire ; griffes et parties antérieures du torse étayées de pierres de taille. Vestiges de couleur rouge sur le visage. 20 × 57 m, de l'extrémité des pattes de devant à la naissance de la queue. Pyramide : base : 210,50 m ; h. : 136,40 m. Autrefois : 215,25 × 143,50 m. Ph. Archives Gallimard.

110. Art sassanide. Bichâpour (Fars), *Investiture de Bahram Ier*. Deuxième moitié du IIIe siècle (entre 273 et 276). *In situ*. Ph. © Roman Ghirshman.

111. Art de l'Inde. Elephantâ (golfe de Bombay), Deccan du Nord-Ouest. Temple-caverne, *La Maheçamurti entourée de deux dvarapalas, ou gardiens de porte*. VIIe au VIIIe siècle. Style post-gupta. In situ. H. : 5,20 m. Ph. © Goloubev-musée Guimet.

112. Art chinois. Long-men (Ho-nan), temple de Fonghien-sseu, grotte XIX, *Bodhisattva et Vaisravana* (dieu gardien). 672-675. *In situ*. Calcaire gris. Bodhisattva, H. : env. 12 m. Ph. © Cl. Arthaud.

113. Art gothique. Chartres, cathédrale, Portail Royal, porte de gauche, ébrasement gauche. Statues-colonnes. 1145-1150. In situ. Ph. Archives Gallimard.

114. Art mexicain. Teotihuacan, temple de Quetzalcoatl, façade occidentale, *Tête de serpent à plumes* ; à l'arrière-plan, pyramide du Soleil. Env. 300-650. *In situ*. Ph. © Bernard Villaret.

115. Art dogon. Village ogol (région de Sanga). Mali, *Case fétiche*. *In situ*. Ph. © Tony Saulnier.

116. Art khmer. Le Bayon (Angkor-Thom), Cambodge, *Tour à visages*. Fin du XIIe-début du XIIIe siècle. *In situ*. Grès. Sur chaque tour, quatre visages colossaux représentant Jayavarman VII, le roi constructeur du Bayon, sous les

traits du Bodhisattva Lockeçvara. Ph. © Germaine Krull.

117. Art chinois. Touenhouang, grotte 205, *Le Bouddha entouré de ses disciples* (détail). VIe-VIIe siècle. *In situ*. Argile peinte. Ph © Cl. Arthaud.

118. Paris, prieuré de Saint-Martin-des-Champs, *La Vierge et l'Enfant*. Troisième quart du XIIe siècle. Basilique de Saint-Denis. Bois polychromé garni de cabochons. H. : 1,42 m. Ph. Archives Gallimard.

119. Artiste germano-tyrolien (?), *Crucifixion* (détail). Avant restauration. Deuxième moitié du XIIe siècle (env. 1160-1180). Bologne, San Pietro. Bois polychromé. H. du crucifix 2,30 m. Ph. © Scala.

120. Artiste germano-tyrolien (?), *Crucifixion* (détail). Après restauration. Cf. fig. 119. Ph. © Scala.

121. Art catalan. Erill-la-Vall (vallée de Boï), (Espagne), *Descente de croix*. XIIe siècle. Partie centrale : Vich, musée épiscopal, Vierge et saint Jean : Barcelone, musée d'Art de Catalogne. Bois. Ph. © Mas.

122. Art catalan. Mitgaran ou Mig-Arán, Viella, chapelle (Espagne), *Torse de Christ*. XIIe siècle. Viella, vallée d'Aran, église paroissiale. Bois polychromé. 0,65 × 0,40 m. Ce Christ faisait partie d'une Descente de croix, on aperçoit encore la main de Joseph d'Arimathie. Ph. © J. Dieuzaide-Zodiaque.

123. Art grec. Athènes, *Sphinx* (détail). Troisième quart du VIe siècle av. J.-C. Athènes, musée de l'Acropole. Marbre. H. : 0,55 m. Document inversé. Ph. Archives Gallimard.

124. Art égyptien. Saqqarah, serdâb au nord de la pyramide à degrés, *Le Pharaon Djéser* (détail). Ancien Empire. IIIe dynastie. Le Caire, musée. Calcaire. Traces de polychromie. H. : 1,40 m. Ph. © Hassia.

125. Art grec. Égine, temple d'Aphaia, fronton Est, *Tête d'Athéna*. Env. 490 av. J.-C. Munich, Glyptothek und Museum Antiken Kleinkunst, Marbre de Paros. H. : 0,31 m. Ph. du musée.

126. Art grec. École de Rhodes, *Victoire de Samothrace* (détail). Début du IIe siècle av. J.-C. (env. 190). Paris, musée

du Louvre. Marbre de Paros ; galère : calcaire de Rhodes. H. : 3,28 m. Ph. Archives Gallimard.

127. Art de l'Inde. Khajurâho, *Nayika* (détail). Début du XIe siècle. *In situ*. Pierre. Ph. © Archaeological Survey of India.

128. Réplique antique d'après Praxitèle, *Aphrodite de Cnide*. Paris, musée du Louvre. Marbre. H. 1,22 m. Ph. Archives Gallimard.

129. Art grec. Pythagoras de Rhegium (attr. à). Delphes, sanctuaire d'Apollon, *Aurige* (détail). Env. 480-475 av. J-C. Delphes, musée. Bronze ; yeux incrustés d'émail et de pierres ; lèvres de cuivre rouge; ornements du bandeau : argent et cuivre. H. : 1,80 m. Une dédicace donne le nom du donateur : le tyran Polyzelos de Gela (Sicile). Ph. Archives Gallimard.

130. Art grec. Praxitèle, *Hermès* (détail). Fin du IVe siècle av. J.-C. (env. 340). Olympie, musée. Marbre de Paros. H. : 2,15 m. Ph. © Giraudon.

131. Piero di Cosimo, *ou* di Lorenzo (1462-1521), *La Mort de Procris*. Londres, National Gallery. Bois. 0,65 × 1,83 m. Ph. du musée.

132. Niccolò Dell'abbate (1512-1571), *L'Enlèvement de Proserpine* (détail). Paris, musée du Louvre. Toile. Dimensions de l'ensemble : 1,95 × 2,16 m. Ph. © Ina Bandy.

133. Jérôme Bosch, Hieronymus van Aeken ou Acken, dit (ca 1450/1460-1516). Triptyque, *La Tentation de saint Antoine* (détail du panneau central). Env. 1500. Lisbonne, Museu Nacional de Arte Antigua. Bois. Panneau central : 1,315 × 1,19 m. Panneaux latéraux : 1,315 × 0,53 m. Ph. © Giraudon.

134. Rembrandt, Harmensz van Rijn, dit (1606-1669), *Le Peintre dessinant d'après le modèle* (également connu sous le nom de Pygmalion). Deuxième état. Paris, Bibliothèque nationale, Cabinet des Estampes. Eau-forte. 0,216 × 0,180 m. Ph. Archives Gallimard.

135. Michel-Ange Buonarroti (1475-1564). Florence, San Lorenzo, chapelle Médicis (sacristie nouvelle). 1520-1533, *Tombeau de Julien de Médicis*

(détail) : *la Nuit. In situ.* Marbre. Longueur de l'ensemble : 1,94 m. Ph. © Scala.

136. LÉONARD DE VINCI (1452-1519), *Sainte Anne, la Vierge et l'Enfant* (détail). 1506-1511. Paris, musée du Louvre. Bois. Dimensions de l'ensemble : 1,685 × 1,30 m. Ph. © Scala.

137. REMBRANDT, HARMENSZ VAN RIJN, dit (1606-1669), *Le Retour de l'enfant prodigue* (détail). Env. 1668-1669. Signé. Saint-Pétersbourg, musée de l'Ermitage. Toile. 2,62 × 2,05 m. Ph. © Agence de presse Novosti.

138. ERNEST MEISSONIER (1815-1891), *Campagne de France, 1814.* 1864. Signé et daté. Paris, musée d'Orsay. Bois. 0,515 × 0,765 m. Ph. Archives Gallimard.

139. GEORGES ROUAULT (1871-1958), *Le Vieux Roi.* 1937. Signé. Pittsburgh, Museum of Art, Carnegie Institute. Toile. 0,77 × 0,54 m. Ph. du musée © ADAGP, 1996.

140. Art égyptien. Saqqarah, *Le Grand Prêtre Rênéfer* (détail). Ancien Empire, V^e dynastie. Le Caire, musée. Calcaire. Traces de polychromie. H. totale : 1,80 m. Ph. © Hassia.

141. Art égyptien. *Osiris.* Basse époque. Paris, musée du Louvre. Bois stuqué peint ; yeux incrustés de pâte de verre ; sceptres et garniture de couronne : bronze. H. : 1,59 m. Il s'agit d'une statue de culte. Ph. Archives Gallimard.

142. NICOLÁS FRANCÉS (ca 1400-1468), *Retable de la Vierge* (détail) : Scènes de la vie de saint François : *saint François surpris par les voleurs.* Madrid, musée du Prado. Ph. Archives Gallimard.

143. ROGER VAN DER WEYDEN, ou ROGER DE LA PASTURE (ca 1400-1464), *Retable des sept sacrements.* Panneau central. Anvers, musée royal. Bois. 2 × 0,97 m. Ph. © Scala.

144. Art de l'Inde. École moghole, *L'Empereur Timour* (Tamerlan) *sur son trône* (détail). Vienne, château de Schönbrunn. Miniature. Décore une chambre du XVIIIe siècle au château de Schönbrunn avec d'autres feuilles d'un album. Ph. © Schlosshauptmannschaft.

145. REMBRANDT, HARMENSZ VAN RIJN, dit (1606-1669), *L'Empereur Timour* (Tamerlan) *sur son trône.* 1654-1656. Paris, musée du Louvre. Papier japon ; plume et lavis d'encre

de Chine. 0,186 × 0,187 m. Nous connaissons vingt-trois dessins de Rembrandt exécutés d'après des miniatures indiennes. Ph. Archives Gallimard.

146. PICASSO, PABLO RUIZ (1881-1973), *Portrait d'Ambroise Vollard*. 1909-1910. Moscou, musée Pouchkine. Toile. 0,92 × 0,65 m. Ph. Agence de Presse Novosti © Succession Picasso, 1996.

147. LÉONARD DE VINCI (1452-1519), *Saint Jean-Baptiste* (détail). Env. 1509-1512. Paris, musée du Louvre. Bois. 0,69 × 0,57 m. Ph. Archives Gallimard.

148. *Tête d'un jeune saint*. Dernier quart du XIIe siècle. Torcello, musée provincial. Mosaïque. 0,40 × 0,315 m. Ph. © Osvaldo Böhm.

149. DIEGO RODRIGUEZ Y DE SILVA VELAZQUEZ (1599-1660), *Les Ménines*. 1656. Madrid, musée du Prado. Toile. 3,18 × 2,76 m. Ph. © Anderson-Giraudon.

150. PICASSO, PABLO RUIZ (1881-1973), *Les Ménines*. 3 octobre 1957. Barcelone, musée Picasso. Toile. 1,29 × 1,61 m. Ph. Éd. Cercle d'Art © Succession Picasso, 1996.

151. Pierre naturelle. Zurich, musée Rietberg (département asiatique). Ph. du musée.

152. MICHEL-ANGE BUONARROTI (1475-1564). Florence, San Lorenzo, chapelle Médicis (sacristie nouvelle), *Vierge Médicis* (détail). *In situ*. Marbre. Hauteur : 2,26 m. Ph. © Scala.

153. Art catalan, *La Vierge et l'Enfant* (détail). XIVe siècle (?). Barcelone, musée Marès. Bois peint. H. : 0,77 m. Ph. © Mas.

154. Mali, masques sirige. (D'après *Afrique africaine*, Lausanne, Éd. Clairefontaine, 1963, p. 117.)

155. Art dogon (Mali), masque figurant une antilope. Paris, musée de l'Homme. Bois ; coiffure en fibres tressées. H. totale : 1,30 m. Document inversé. Ph. Archives Gallimard.

156. École de Cologne, *Le « Dévot Christ »* (détail). 1307. Perpignan, cathédrale Saint-Jean, chapelle du Christ. Bois de houx. H. : 1,64 m. Le millésime « 1307 » nous est donné par le parchemin trouvé le 4 juillet 1952 dans une cavité du dos du Christ faite pour contenir des reliques. Ph. © Raymond Gid-Pierre Jahan.

157. Le Rosso, Giambattista di Jacopo Rossi, dit (1494-1540), *L'Amour châtié par Vénus pour avoir abandonné Psyché*. Cf. fig. 77. Ph. Archives Gallimard.

158. Jean Marc Nattier (1685-1766), *Madame Adélaïde faisant des nœuds*. 1756. Signé et daté. Versailles, Pavillon de la lanterne. Toile. 0,90 × 0,77 m. Ce tableau agrandi pour servir de dessus de porte (1,28 × 0,96 m), a retrouvé ses dimensions primitives. Ph. Archives Gallimard.

159. Jean Marc Nattier (1685-1766), *Madame Adélaïde faisant des nœuds*. Cf. fig. 158. Ph. Archives Gallimard.

160. Paul Véronèse, Paolo Caliari, dit (1528-1588). Venise, couvent des Serviti, *Le Repas chez Simon*. Avant 1573. Versailles, Salon d'Hercule. Toile. 4,54 × 9,74 m. Ph. Archives Gallimard.

161. Georges Braque (1882-1963), *Marine*. Paris, collection particulière. Toile. 0,50 m × 0,95 m. Ph. Archives Gallimard © ADAGP, 1996.

162. Art chinois. Masque, dynastie des Chang. XIVe-XIIe siècle av. J.-C. (fin de la dynastie des Chang). Chicago, The Art Institute (collection Buckingham). Bronze. Patine gris-vert. H. : 0,220 m. Largeur : 0,361 m. Au revers une inscription indique le nom du clan du destinataire ; au-dessus deux dragons affrontés. Document inversé. Ph. du musée.

163. Sandro Botticelli, Alessandro di Mariano Filipepi, dit (1444-1510), *Vénus et Mars*. Env. 1483. Londres, National Gallery. Bois. 0,69 × 1,735 m. Ph. du musée.

164. Ercole de' Roberti (1456-1496). Ferrare, palais Schifanoia, salle des Mois, mur septentrional, zone supérieure, *Le Mois de Septembre. Les Amours de Mars et Vénus* (détail). Achevé en 1478. *In situ*. Peinture murale. Dimensions de la salle : longueur : 24 m. Largeur : 11 m. H. : 7,50 m. Ph. © Scala.

165. Art grec. Athènes, Acropole, *Koré 686*, dite « la Boudeuse » (détail). Début du Ve siècle av. J.-C. (env. 500). Athènes, musée de l'Acropole. Marbre. H. : 0,41 m. Statue dédiée par Euthydikos. Ph. Archives Gallimard.

166. Art chichimèque (Mexique). Tenayuca (État de Mexico), *Tête de serpent solaire*. XIVe siècle. *In situ*. Pierre basaltique. H. : env. 0,75 m. Ph. © Christian Baugey-Multiphoto.

167. Art dogon (Mali). Statuette. Paris, collection particulière. Bois. H. : 0,99 m. Ph. Archives Gallimard.

168. Art roman. Beauvais, église Saint-Lucien, *Tête de roi*. Fin du XIIe siècle. Beauvais, musée. Pierre. H. : 0,45 m. Ph. © Sougez.

169. PICASSO, PABLO RUIZ (1881-1973), *Le Faucheur*. 1943. Collection particulière. Bronze. H. : 0,50 . Ph. Brassaï © Gilberte Brassaï © Succession Picasso, 1996.

170. Art grec. École de Rhodes, *Victoire de Samothrace*. Cf. fig. 126. Ph. © Ina Bandy.

171. Art japonais. HAKUIN (1685-1763). Bonji : caractère sanskrit. Stylisation de la lettre A. Tôkyô, collection particulière. 0,108 × 0,056 m. Calligraphie qui évoque le commencement de tout. Ph. Archives Gallimard.

172. Art de l'Inde. Elephantâ (golfe de Bombay), *La Maheçamurti* (détail). Cf. fig. 111. Ph. © Goloubev-musée Guimet.

INTRODUCTION	11
CHAPITRE I	17
CHAPITRE II	41
CHAPITRE III	88
CHAPITRE IV	177
INDEX ANALYTIQUE	265
DOCUMENTATION ICONOGRAPHIQUE	269

DU MÊME AUTEUR

Aux Éditions Gallimard

LA CONDITION HUMAINE.
LE TEMPS DU MÉPRIS.
L'ESPOIR.
LES NOYERS DE L'ALTENBURG.
LE MIROIR DES LIMBES :
   I. ANTIMÉMOIRES.
   II. LA CORDE ET LES SOURIS.
L'HOMME PRÉCAIRE ET LA LITTÉRATURE.
SATURNE. LE DESTIN. L'ART ET GOYA.
LES VOIX DU SILENCE.
LE MUSÉE IMAGINAIRE DE LA SCULPTURE MONDIALE :
   I. LA STATUAIRE.
   II. DES BAS-RELIEFS AUX GROTTES SACRÉES.
   III. LE MONDE CHRÉTIEN.
LA MÉTAMORPHOSE DES DIEUX :
   I. LE SURNATUREL.
   II. L'IRRÉEL.
   III. L'INTEMPOREL.
LA POLITIQUE, LA CULTURE (folio essais n° 298)

Bibliothèque de la Pléiade

ŒUVRES COMPLÈTES, I, II et III *(Nouvelle édition).*
LE MIROIR DES LIMBES.

Aux Éditions Grasset

LA TENTATION DE L'OCCIDENT.
LES CONQUÉRANTS.
LA VOIE ROYALE.

Composition réalisée par S.C.C.M. - Paris XIIe
Impression Aubin Imprimeur,
le 18 mars 2002.
Dépôt légal : mars 2002.
1er dépôt légal dans la collection : octobre 1996.
Numéro d'imprimeur : P 63195

ISBN 2-07-032948-8 / Imprimé en France

13026